DISCURSO DE ÓDIO NAS REDES SOCIAIS

FEMINISMOS PLURAIS
COORDENAÇÃO
DJAMILA **RIBEIRO**

LUIZ VALÉRIO TRINDADE

DISCURSO DE ÓDIO NAS REDES SOCIAIS

FEMINISMOS
PLURAIS
COORDENAÇÃO
DJAMILA **RIBEIRO**

LUIZ VALÉRIO
TRINDADE

  jandaíra

SÃO PAULO | 2022

Copyright © Luiz Valério Trindade, 2022
Todos os direitos reservados à Editora Jandaíra, uma marca da Pólen Produção Editorial Ltda., e protegidos pela lei 9.610, de 19.2.1998.
É proibida a reprodução total ou parcial sem a expressa anuência da editora.
Este livro foi revisado segundo o Novo Acordo Ortográfico da Língua Portuguesa.

Direção editorial
Lizandra Magon de Almeida

Edição de texto
Equipe Jandaíra

Assistência editorial
Maria Ferreira
Karen Nakaoka

Projeto gráfico e diagramação
Daniel Mantovani

Revisão
Dandara Morena

Foto de capa
Acervo pessoal

Dados Internacionais de Catalogação na Publicação (CIP)
Maria Helena Ferreira Xavier da Silva/ Bibliotecária – CRB-7/5688

Trindade, Luiz Valério
    T833d   Discurso de ódio nas redes sociais / Luiz Valério Trindade. – São Paulo : Jandaíra, 2022.
    176p. – (Feminismos Plurais / coordenação de Djamila Ribeiro)
ISBN: 978-65-87113-81-4
1. Discurso de ódio. 2. Racismo. 3. Discriminação racial - Recursos de rede de computador. 4. Negros - Condições sociais - Brasil. 5. Internet - Aspectos sociais. I. Título.
                                                                             CDD 179.8

Número de Controle: 00036

www.editorajandaira.com.br
atendimento@editorajandaira.com.br
(11) 3062-7909

Carinhosamente dedicado a Mayara e Laís, jovens guerreiras negras da nova geração, e às rainhas Martha e Hilda que as precederam e abriram caminhos.

Agradecimentos

Sou extremamente grato a Djamila Ribeiro por ter me convidado a colaborar com esta histórica Coleção Feminismos Plurais, a qual rompeu diversos paradigmas no tocante ao debate público em torno de questões raciais no Brasil. Embora já existisse uma vasta, sólida e importante bibliografia, muitos títulos acabam não necessariamente alcançando um público mais amplo por serem profundamente acadêmicos. Em contrapartida, entendo que a Coleção Feminismos Plurais se diferencia de outros títulos por conseguir conciliar apurado rigor metodológico e científico em ciências sociais e humanas e, a mesmo tempo, por adotar uma linguagem literária bastante clara, acessível e envolvente. Por isso sou grato pela filósofa Djamila Ribeiro estar à frente de um projeto desta envergadura e importância histórica que, além de lançar sementes de conscientização, é inspiradora para novas gerações.

Expresso meus sinceros agradecimentos também a toda a equipe da Plataforma Feminismos Plurais e da Jandaíra/Pólen Livros por sua atenção e cordialidade ímpar em todas nossas interações e tratativas, e a todos os meus amigos e familiares pelo apoio e incentivo ao longo dos anos.

Por fim, mas naturalmente, não menos importante, quero deixar registrado um agradecimento simbólico não a uma ou mais pessoas em particular, mas sim à coletividade de antepassados negros(as) que me antecederam. Cada um(a), da sua forma, deu sua valiosíssima parcela de contribuição para que minhas experiências de vida fossem distintas das deles(as) e a isso sou muito grato. Da mesma forma, espero também deixar um legado, por mais singelo que seja, para que as experiências de vida das gerações que me sucedem sejam ainda melhores do que as minhas.

Obrigado!

SUMÁRIO

AGRADECIMENTOS 7
APRESENTAÇÃO 11
INTRODUÇÃO 16
CONSTRUÇÃO DO BRASIL MODERNO
PÓS-ABOLIÇÃO DA ESCRAVIDÃO. 25
CONSTRUÇÃO DA IDENTIDADE NACIONAL 47
DISCURSOS RACISTAS MIGRAM PARA AS REDES SOCIAIS . . . 69
EXAMINANDO AS REDES SOCIAIS 93
DESVENDANDO O SIGNIFICADO DE DISCURSOS RACISTAS. . 114
CONSIDERAÇÕES FINAIS. 135
NOTAS, REFERÊNCIAS E FONTES ADICIONAIS DE CONSULTA. 148
REFERÊNCIAS BIBLIOGRÁFICAS 172

APRESENTAÇÃO

FEMINISMOS PLURAIS

O objetivo da Coleção Feminismos Plurais é apresentar ao grande público questões importantes referentes aos mais diversos feminismos, de forma didática e acessível. Proponho assim a organização desta série de livros imprescindíveis quando pensamos em produções intelectuais de grupos historicamente marginalizados, pois aqui colocamos esses grupos como sujeitos políticos.

Partimos do feminismo negro para explicitar os principais conceitos e definitivamente romper com a ideia de que não se está discutindo projetos. Ainda é muito comum se dizer que o feminismo negro traz cisões ou separações, quando é justamente o contrário. Ao nomear as opressões de raça, classe e gênero, entende-se a necessidade de não hierarquizar opressões, de não criar, como diz Angela Davis, em *As mulheres negras na construção de uma nova utopia*, "primazia de uma opressão em relação a outras". Pensar em feminismo negro é justamente romper com a cisão criada numa sociedade desigual. Logo, é pensar projetos dentro de novos marcos civilizatórios, para que pensemos um novo modelo de sociedade. E é também divulgar a produção intelectual de mulheres negras, colocando-as na condição de sujeitos e seres ativos que, historicamente, vêm fazendo resistência e reexistências.

Entendendo a linguagem como mecanismo de manutenção de poder, um dos objetivos da Coleção é o compromisso com uma linguagem didática, atenta a um léxico que dê conta de pensar nossas produções e articulações políticas, de modo que seja acessível, como nos ensinam muitas feministas negras. Isso de forma alguma é ser palatável, pois as produções de feministas negras unem uma preocupação que vincula a sofisticação intelectual com a prática política. Com vendas a um preço acessível, nosso objetivo é contribuir para a disseminação e o acesso a essas produções.

No volume que você tem em mãos, o pesquisador Luiz Valério Trindade analisa as redes sociais como palco para o racismo no Brasil e no mundo, com dados e informações sobre o desenvolvimento do discurso de ódio nessas plataformas à luz da interseccionalidade entre raça, gênero e classe. Seja na forma de agressões diretas, seja mascarado por piadas ou brincadeiras, o problema aumenta conforme o acesso à internet também cresce no país. E as mulheres negras são as mais afetadas, conforme revela a pesquisa do autor.

Para além deste título, a Coleção Feminismos Plurais traz também questões como encarceramento em massa, o racismo no humor, colorismo, transexualidade, empoderamento, masculinidades, lesbiandades, trabalho doméstico, entre muitos outros, sempre pautada em dar protagonismo a pensadores negros, negras de todo o Brasil, e trazendo questões essenciais para o rompimento da narrativa dominante, de modo a não sermos tão somente capítulos em compêndios que ainda pensam a questão racial como recorte.

Grada Kilomba, em seu livro *Plantation Memories*, diz:

> Esse livro pode ser concebido como um modo de "tornar-se um sujeito" porque nesses escritos eu procuro trazer à tona a realidade do racismo diário contado por mulheres negras baseado em suas subjetividades e próprias percepções. (KILOMBA, 2012, p. 12)

Sem termos a audácia de nos comparamos ao empreendimento de Kilomba, é o que também pretendemos com esta coleção. Aqui estamos falando "em nosso nome".*

DJAMILA RIBEIRO

---

*No original: "(...) in our name." HALL, Stuart. "Cultural Identity and Diaspora". *In:* RUTHERFORD, Jonathan (ed). **Identity, community, culture difference.** Londres: Lawrence and Whishart limited, 1990, p. 222.

INTRODUÇÃO

Primeiramente, entendo ser pertinente explicar, logo de início, que discurso de ódio se caracteriza pelas manifestações de pensamentos, valores e ideologias que visam inferiorizar, desacreditar e humilhar uma pessoa ou um grupo social, em função de características como gênero, orientação sexual, filiação religiosa, raça, lugar de origem ou classe. Tais discursos podem ser manifestados verbalmente ou por escrito, como tem sido cada vez mais frequente nas plataformas de redes sociais. Sendo assim, é possível compreender que discursos de cunho racistas veiculados nas redes sociais (sejam eles de forma explícita e sem maquiagens, ou camuflados em piadas) se enquadram na categoria de discursos de ódio.

Inclusive, como a literatura de estudos críticos étnico-raciais no contexto brasileiro vem evidenciando, piadas depreciativas têm sido frequentemente utilizadas como veículo conveniente para a transmissão de ideologias racistas sem que a pessoa pareça de modo flagrante racista.[1] Ou seja, visto que o ato de recitar piadas consiste em uma forma de comunicação socialmente aceita, isso confere uma espécie de blindagem ao indivíduo. Pois, com frequência, a pessoa argumenta que se trata apenas de uma "brincadeirinha inofensiva". Sendo assim, conforme apontado pelas sociólogas Christina Sue e Tanya Golash-Boza, ao contestar ou expressar descontentamento com relação a essa prática, a pessoa que é objeto da piada é classificada como alguém desprovida de senso de humor e, por consequência, vê-se deslegitimada em suas demandas.[2]

Em outras palavras, a piada racista representa uma das facetas do chamado *jeitinho* brasileiro, termo cunhado pelo antropólogo Roberto DaMatta, que estabelece convenientes formas de navegação social ao permitir que o indivíduo se esquive de normas, leis, convenções sociais e da admissão da responsabilidade por seus atos.[3] Por extensão, o *jeitinho* brasileiro permite também que defensores da supremacia branca recitem piadas de cunho racista com a desculpa de elas serem manifestações de afeto e carinho, o que é classificado na literatura como "racismo cordial".[4]

Nesse contexto, é interessante observar, por exemplo, as inúmeras piadas e gozações feitas sobre o personagem Mussum no antigo programa humorístico *Os Trapalhões* (no ar entre 1966 e 1997). O personagem era frequentemente retratado como iletrado, preguiçoso, desarrumado, em constante estado de embriaguez, e outros atributos de caráter negativo. Em entrevista ao jornalista João Pedro Jorge, publicada na *Revista VIP* em 2015, o líder de *Os Trapalhões*, Renato Aragão (que interpretava o personagem branco Didi Mocó) explicou o seguinte:

> Na época, a gente fazia como uma brincadeira. Era uma brincadeira de circo entre mim e o Mussum. Como se fôssemos duas crianças em casa brincando. A intenção não era ofender ninguém. Hoje todas as classes sociais ganharam a sua área, a sua praia, e a gente tem que respeitar muito isso. Eu sou até a favor. Mas, naquela época, essas classes dos feios, dos negros, dos homossexuais, elas não se ofendiam. Elas sabiam que não era para atingir, para sacanear. (JORGE, 2015, p. 12)

No entanto, os sociólogos Carla Cristina Garcia e Dagoberto José Fonseca, bem como o antropólogo Luiz Mott, argumentam que, na verdade, os negros e homossexuais de fato se sentiam ofendidos com as incontáveis piadas depreciativas contadas no programa *Os Trapalhões*. O problema era que esses grupos sociais careciam de voz ativa. Ou seja, por mais que eventualmente se manifestassem contra aquelas piadas, eram sempre silenciados e deslegitimados.[5]

Diante do avanço das redes sociais e de sua onipresença na vida dos indivíduos, o discurso de ódio migrou para essas plataformas. Indicadores recentes revelam que as expressões racistas estão dominando as redes sociais brasileiras. De acordo com dados divulgados pela organização não governamental Safernet, entre 2011 e 2014, os casos reportados de discursos racistas nas redes sociais subiram, respectivamente, de 2.038 para 11.090.[6]

Seguindo essa tendência, o estudo *Dossiê Intolerâncias*, conduzido em 2016 pela Associação Brasileira de Comunicação Pública,[7] mapeou 32.376 menções de terminologias ofensivas postadas no Facebook e no Twitter, entre os meses de abril a junho daquele ano. Nesse universo, os pesquisadores identificaram que 97,6% das menções correspondiam a manifestações de intolerância racial, preconceito e discriminação contra pessoas negras. No ano seguinte, em 2017, novos dados divulgados pela Safernet revelaram a ocorrência de 63.698 manifestações de discursos de ódio nas redes sociais brasileiras, sendo que um terço delas eram direcionadas a pessoas negras.[8]

De forma lamentável, o quadro não se encerra aí. Pelo contrário. Minha pesquisa de doutorado em Sociologia sobre o fenômeno de construção e disseminação de discursos racistas nas redes sociais revelou outros dados igualmente alarmantes. Ao analisar o conteúdo de 109 páginas públicas do Facebook e 224 artigos de jornais que abordam dezenas de casos de discursos racistas noticiados entre 2012 e 2016, ficou claro que as mulheres negras representam a principal vítima dessa prática. Segundo meus estudos, as mulheres negras em ascensão social, na faixa etária de 20 a 35 anos, representam 81% das vítimas de discursos de cunho racista nas redes sociais.[9]

Não sou adepto da adoção de chavões e frases feitas em minhas análises e publicações. Contudo, avalio que nesse caso é natural mencionar o conhecido adágio que diz que "contra números não há argumentos". Com isso, pretendo evidenciar que os números apenas apresentados demonstram com clareza haver um grave problema na sociedade brasileira, que não deve e não pode ser ignorado ou negado – como é muito comum no Brasil. É preciso compreender a questão em sua totalidade, analisando-a e debatendo-a profundamente para que seja extirpada de nossa sociedade. Ou seja, discursos de ódio de cunho racista não podem ser tratados e considerados como algo natural e aceitável no tecido social brasileiro.

A negação da existência do racismo na sociedade brasileira está profundamente enraizada no discurso da elite nacional, conforme será abordado com mais detalhes ao longo deste livro. Essa prática aviltante e desrespeitosa tem por objetivo deslegitimar demandas dos movimentos negros organizados por maior equidade racial, enquanto, de forma simultânea, fortalece a naturalização de privilégios da elite brasileira ideologicamente embranquecida.[10]

Assim, este livro se debruça sobre uma questão central muito simples, mas, ao mesmo tempo, de importância capital para o entendimento da sociedade contemporânea brasileira e de suas relações raciais: por que as mulheres negras constituem o alvo principal dos discursos de ódio de cunho racista nas redes sociais?

Antes de abordarmos a questão de maneira frontal, porém, é imperativo retrocedermos um pouco no tempo e revisitarmos alguns momentos-chave na história do Brasil pós-abolição. Sendo assim, o primeiro capítulo se dedica justamente a desenvolver essa revisão, a qual é muito importante para pavimentar o caminho e uniformizar alguns conceitos fundamentais que nos ajudam a compreender o presente com mais clareza. Por esse motivo, iniciamos nossa jornada com a análise do processo de construção do Brasil "moderno" aflorado após a abolição da escravidão em 1888 e a proclamação da República em 1889.

Na sequência, no segundo capítulo, abordaremos aspectos referentes ao processo de construção da identidade nacional lastreada no padrão de beleza branco feminino. Essa análise se mostrará bastante pertinente porque é possível verificar que a construção da identidade nacional influenciada pela ideologia do branqueamento continua a influenciar as relações sociais e raciais brasileiras até os dias atuais. Após isso, no terceiro capítulo, analisaremos como os discursos de ódio migraram para as redes sociais e se tornaram tão comuns. Além disso, vamos nos dedicar a compreender também o debate entre discurso de ódio *versus* liberdade de expressão.

Em complemento a essa análise, o quarto capítulo se debruça de forma ainda mais aprofundada nas redes sociais. Ele aborda, entre outros temas, como o Twitter tem sido explorado como poderosa caixa de ressonância de ódio tanto em âmbito internacional quanto nacional. Ademais, explica como as plataformas de redes sociais auferem lucro com a propagação de discursos de ódio.

No quinto capítulo, embasados nos pilares conceituais erguidos nos capítulos precedentes, vamos nos dedicar a desvendar o significado embutido em discursos racistas nas redes sociais. Essa análise nos ajudará a responder à questão central deste livro, conforme anteriormente exposto. E o livro fecha com as considerações finais contidas no sexto capítulo, o qual, além de tecer uma profunda análise crítica do fenômeno de discursos de ódio nas redes sociais, apresenta também caminhos possíveis para o enfrentamento do problema.

Portanto, a expectativa é que esta obra contribua não somente para evidenciar ou ressaltar um grave fenômeno social, mas, sobretudo, para conscientizar a sociedade e enriquecer o debate público em busca de soluções. Além disso, ela pode vir a contribuir também para a possível discussão e implementação futura de políticas públicas que visam o enfrentamento do problema. Sendo assim, é nesse contexto que a *Coleção Feminismos Plurais,* de uma forma geral, e o presente livro em particular, revelam as diversas facetas do racismo à brasileira e propõem alternativas práticas e reflexivas para o enfrentamento desse fenômeno.

Para finalizar, acredito também que um dos maiores problemas com relação ao fenômeno de construção e disseminação de discursos de ódio nas redes sociais é que, à medida que a sociedade passa a aceitá-los como algo normal e inevitável, perde-se completamente a capacidade de se indignar contra eles. E esse quadro, no meu entender, é muito preocupante e perturbador. Daí, então, a importância em compreender o fenômeno em toda a sua extensão, pois somente com conhecimento sério, qualificado e embasado, é que se descontrói a engrenagem que o retroalimenta.

CONSTRUÇÃO DO BRASIL MODERNO
PÓS-ABOLIÇÃO DA ESCRAVIDÃO

> *"Até que o leão aprenda a escrever, toda história glorificará sempre a versão do caçador."*
> (Provérbio Africano)[11]

Após a abolição da escravidão em 1888 e a proclamação da República em 1889, o Brasil se encontrava em uma situação bastante peculiar. De um lado, a elite brasileira almejava se espelhar, sobretudo, em nações europeias (principalmente na França) para arquitetar seu projeto de construção do "Brasil moderno". Todavia, havia um obstáculo considerável para que esse objetivo fosse atingido. De acordo com o censo populacional de 1890, entre os 14,3 milhões de habitantes existentes no país, 56% deles eram indivíduos pretos e pardos.[12] Ou seja, ao contrário da sociedade eurocêntrica caucasiana que se almejava construir no Brasil, os indivíduos brancos eram, na verdade, minoria.

Nesse contexto, é relevante destacar também outra disparidade entre os Estados Unidos (EUA), as principais nações europeias e o Brasil no final do século 19 e início do século 20. Os dois primeiros já vivenciavam as profundas transformações sociais, econômicas e demográficas trazidas pela Revolução Industrial iniciada na segunda metade do século 18.[13] Enquanto isso, o Brasil, na condição de aspirante a ingressar na chamada modernidade, ao final do século 19, ainda respirava os ares de um atrasado e cruel regime escravocrata. Essa realidade, por si só, já contribui para nosso entendimento da origem do profundo atraso no desenvolvimento social e econômico do Brasil cujos reflexos podem ser observados até os dias atuais.[14]

Pois bem, para fazer frente aos obstáculos sociais identificados pela elite brasileira no sentido de atingir a tão almejada modernidade eurocêntrica caucasiana, foram adotadas três providências principais.

Primeiro, no fim do século 19 e nas primeiras décadas do século 20, foi implementada uma política governamental de incentivo e subsídio à imigração de mão de obra camponesa remunerada europeia em substituição aos escravos libertos. Essa mão de obra era proveniente de países como Itália, Portugal, Espanha, Alemanha e Polônia, entre diversos outros, e foi empregada sobretudo nas lavouras de café no estado de São Paulo. Porém, muitos desses imigrantes foram alocados também nos estados do Sul, como Paraná, Santa Catarina e Rio Grande do Sul. Não por acaso, hoje em dia, é de amplo conhecimento que esses três estados apresentam forte influência cultural de alguns países europeus como legado desse movimento migratório.

Um exemplo muito interessante que contribui para ilustrar o empenho institucional em providenciar condições adequadas ao acolhimento dos imigrantes europeus consiste na edificação da Hospedaria dos Imigrantes. Fundada em 1887 (ou seja, um ano antes da abolição da escravidão), no bairro do Brás, em São Paulo, ela recebeu um total de 2,5 milhões de imigrantes até 1978, provenientes de mais de 70 nacionalidades. Atualmente, o edifício é um patrimônio histórico tombado e sede do Museu da Imigração do Estado de São Paulo, um dos mais importantes museus do estado, dado seu rico acervo de documentos e objetos que registram a passagem desses 2,5 milhões de pessoas por suas instalações.[15]

Essa estrutura de acolhimento, triagem e encaminhamento de milhares de imigrantes europeus ao longo de mais de 90 anos ilustra bem a diferença de tratamento reservada a esse grupo social e aos escravos libertos. Nesse sentido, é possível identificar a segunda providência adotada pela elite brasileira em seu projeto de construção de um Brasil moderno. Ela consistiu na ausência de qualquer política pública de apoio à integração dos negros libertos em condições mínimas de competitividade para se inserirem na emergente sociedade de classes brasileira. Eles se viram desprovidos de oportunidades de serem alfabetizados e alcançarem um grau mínimo de escolaridade e de aprenderem um novo ofício. E também não foram beneficiados com qualquer tipo de programa de apoio a moradias populares dignas. Em outras palavras, foram abandonados à própria sorte pelo mesmo Estado que promovia um programa de incentivo e subsídio à imigração de mão de obra branca europeia e remunerada.

Adicionalmente, os historiadores Stuart B. Schwartz e Igor Truz revelam que nem sempre a liberdade do negro representava o fim de sua condição de servidão e exploração. Em muitos casos, seus antigos "proprietários" exigiam que os negros continuassem a trabalhar de graça por período indeterminado para "transmitirem seu conhecimento" para um substituto.[16]

Sendo assim, pode-se inferir que a consequência desse tratamento bastante desigual conferido pelo Estado brasileiro aos imigrantes europeus brancos e aos escravos libertos negros foi a marginalização desse último grupo social, na esfera social, econômica e até mesmo geográfica. Surgem as favelas e os cortiços nos grandes centros urbanos a partir do fim do século 19, já que grande parte desse contingente de escravos libertos não encontrava trabalho e foi sendo empurrado para as periferias dos emergentes centros urbanos. Diante disso, pode-se dizer que a segregação racial no Brasil se deu de formas mais sutis que as verificadas nos EUA, com as Leis Jim Crow, e na África do Sul, com o regime de Apartheid, mas, nem por isso, foi menos perversa e cruel.[17]

Por fim, a terceira providência adotada pela elite brasileira em seu projeto de modernidade consistiu na negação institucional do passado escravocrata de 350 anos de duração.[18] Procurou-se não apenas eliminar seus vestígios, como também até refutar sua existência, como se tudo não passasse de uma quimera.

Nesse sentido, dois clássicos exemplos históricos corroboram essa argumentação. Conforme relatado em artigo de 2010 de autoria de Sérgio Jacomino,[19] em 14 de dezembro de 1890, Rui Barbosa determinou a queima de todos os documentos e registros de posse de escravos mantidos nos arquivos do Ministério das Finanças sob seu comando. A justificativa apresentada por Rui Barbosa para tomar tal decisão é relatada por Américo Jacobina Lacombe no livro *Obras completas de Rui Barbosa: Atos Legislativos, Decisões Ministeriais e Circulares*. Rui Barbosa argumentou que a decisão foi tomada "em honra aos nossos deveres de fraternidade e solidariedade ao vasto contingente de cidadãos que, através da abolição da escravidão, se juntam à comunhão de brasileiros" (LACOMBE, 1986, p. 338).

O segundo exemplo consiste no Hino à Proclamação da República, composto também no ano de 1890 por Medeiros Albuquerque e Leopoldo Miguez, o qual, em certo trecho, traz os seguintes versos:

> Nós nem cremos que escravos outrora
> Tenha havido em tão nobre país
> Hoje o rubro lampejo da aurora
> Acha irmãos, não tiranos hostis.

Esses dois exemplos são muito emblemáticos por diversos motivos. Em primeiro lugar, passados apenas dois anos da abolição da escravidão, eles já procuram negar o longevo passado escravocrata brasileiro. Em segundo lugar, evidenciam profundas incongruências e falácias. Rui Barbosa, por exemplo, em seu memorando, se referia aos escravos libertos como "cidadãos". Porém, que cidadão é esse, tratado de forma bastante desigual pelo Estado em relação a imigrantes estrangeiros acolhidos com políticas públicas para sua inserção na sociedade de classes? Um cidadão que tem deveres, mas é desprovido de direitos? Um cidadão marginalizado social, econômica e até geograficamente?

Além disso, como praticamente a totalidade dos escravos libertos (com poucas exceções, claro) eram analfabetos, eles também não tinham direito de votar. Na verdade, é bem curioso analisar a questão do direito ao voto por parte de pessoas analfabetas no Brasil porque, segundo o livro *Eleições no Brasil: uma História de 500 anos,*[20] durante muito tempo houve inúmeros obstáculos ao voto de analfabetos. A legislação exigia, por exemplo, que para ter direito a voto o cidadão deveria saber assinar seu próprio nome e possuir um nível mínimo de renda. Assim, analfabetos foram mantidos à margem do processo eleitoral durante muito tempo. Somente com a promulgação da Constituição de 1988 é que seriam, finalmente, suprimidos todos os obstáculos legais ao voto de pessoas analfabetas.

Observem também em que medida a decisão tomada por Rui Barbosa há 130 anos impacta, até os dias atuais, na escassez de importantes documentos históricos sobre um período fundamental na formação do Brasil. Não seria exagero inclusive falarmos em apagamento da História. De fato, conforme diz o sociólogo Mário Medeiros em entrevista à Radio France International em novembro de 2020, há no Brasil uma tentativa institucional de apagamento da história de resistência negra e um esforço de silenciamento do debate público sobre racismo. Medeiros diz ainda que "esse silenciamento acaba se tornando uma ação direta do Estado contra a memória afro-brasileira, contra a memória negra-brasileira, contra o direito das pessoas de conhecerem referências importantes da participação negra na história brasileira" (CRISTIANE, 2020).

Contudo, em contrapartida, é possível observar que o Museu da Imigração do Estado de São Paulo, conforme mencionado, abriga um acervo histórico enorme, muito rico e extremamente detalhado, que permite a qualquer pessoa estudar, revisitar e aprender sobre a história da imigração europeia no estado de São Paulo, em particular, e no Brasil de uma forma geral. Ou seja, enquanto a história da celebrada ascendência caucasiana brasileira foi e tem sido não só catalogada e preservada, mas também celebrada, a história documental da população negra tem sido apagada, fragmentada, negada e reescrita. Ademais, é importante que se diga, não se trata aqui de relevar a importância e o significado histórico da imigração europeia na formação do Brasil, mas sim de ressaltar o tratamento bastante desigual conferido pelo Estado brasileiro em relação à história dos negros africanos no Brasil e a dos imigrantes europeus. Além disso, ao provocar o apagamento da história da presença negra na formação do Brasil, o Estado também priva as pessoas negras de conhecerem com mais profundidade e embasamento documental a sua própria história e origem.

Por fim, observem também como o Hino à Proclamação da República realiza duas façanhas incríveis. Primeiro, põe em xeque a existência de um regime escravocrata e o posiciona em um imaginário passado muito longínquo (nós nem cremos que escravos outrora tenha havido em tão nobre país). Depois, absolve completamente figuras cruéis e impiedosas como senhores de escravos e capitães do mato, já que "o lampejo da aurora acha irmãos, não tiranos hostis".

Tendo exposto isso, é pertinente mencionar também que a prática de negação institucional do racismo latente na sociedade brasileira não está confinada a um passado distante, pois ela é abertamente manifestada até os dias atuais. Nesse sentido, basta observar, por exemplo, que tanto o atual presidente da República, Jair Bolsonaro, quanto seu vice, Hamilton Mourão, verbalizam publicamente afirmações impressionantes como: a) "racismo é coisa rara no Brasil", b) "não existe racismo no Brasil", c) "sou daltônico: para mim todos têm a mesma cor", d) "Brasil é a minha cor", e) "discussões sobre temas raciais representam tentativas de importar para nosso território tensões alheias à nossa história".[21]

Tais falas, que têm repercutido negativamente no meio acadêmico, político e tanto na imprensa nacional quanto internacional, evidenciam uma miopia intencional, e são muito problemáticas por diversos motivos. Primeiro, porque foram proferidas pelas duas maiores autoridades públicas do país que, portanto, representam a instituição Presidência da República. Ou seja, suas vozes transmitem o pensamento oficial vigente do Estado brasileiro sobre questões raciais.

Em segundo lugar, essas falas negam descaradamente a história, e incontáveis e robustas evidências científicas de estudos rigorosos, inclusive do próprio Estado brasileiro, por órgãos sérios e respeitados como o IBGE (Instituto Brasileiro de Geografia e Estatística) e o IPEA (Instituto de Pesquisa Econômica Aplicada), produzidas ao longo de várias décadas. Terceiro, as afirmações visam reescrever a história à luz de míopes conveniências político-partidárias de curto prazo, com data de validade de apenas um mandato eleitoral, mas, de maneira lamentável, com grande potencial destrutivo em longo prazo. Isso quer dizer que o pensamento embutido nas afirmações da Presidência da República provoca a deslegitimação de diversas conquistas históricas conseguidas com muito esforço pelos movimentos negros organizados ao longo de muitas décadas. Por fim, mas não menos importante, são afirmações profundamente desrespeitosas com a população negra brasileira e desprovidas de qualquer grau de empatia com os incontáveis desafios, dificuldades e obstáculos enfrentados no dia a dia por milhares de negros e negras.

Retomando agora nossa linha de raciocínio original, identificamos outro fenômeno. Em alinhamento com as três principais providências adotadas pela elite brasileira na construção de seu projeto de modernidade (i.e.: incentivo à imigração europeia, marginalização social dos negros libertos e negação institucional do passado escravocrata), é possível observar também o forte desenvolvimento do que se chama ideologia do branqueamento.

No século 19, já circulavam na Europa ideias que advogavam a superioridade das pessoas brancas em relação a negros e mestiços, no que tange a aspectos como inteligência, beleza, capacidade moral, educação, entre diversos outros atributos de caráter positivos. Tais ideias estariam embasadas no que se dizia serem evidências biológicas. Como explicado por Adilson Moreira, em seu livro *Racismo recreativo*, essas ideias baseavam-se no "pressuposto de que todos os membros de uma minoria racial possuem os mesmos traços classificados como inferiores, os quais seriam transmitidos biologicamente e, consequentemente, imutáveis" (MOREIRA, 2019, p. 36). Os principais defensores dessas ideias no continente europeu eram Carl von Linné (sueco), Johann Friedrich Blumenbach (alemão) e Arthur de Gobineau (francês). No Brasil, elas inspiraram autores como João Baptista de Lacerda, Renato Ferraz Kehl, Mário Melo e Raymundo Nina Rodrigues.[22]

Em linhas gerais, esses influentes autores brasileiros defendiam que a população, formada predominantemente por pretos e pardos em 1890, era degenerada, o que, por consequência, causaria o atraso do ingresso do país na tão almejada modernidade eurocêntrica caucasiana.

Sendo assim, para equacionar esse "problema social", eles acreditavam que a mistura (ou o cruzamento, como chamavam) entre os imigrantes europeus brancos e a população mestiça provocaria o desaparecimento desta última, pois a raça branca era superior. Em essência, de acordo com um estudo publicado por João Baptista de Lacerda no 1º Congresso Universal das Raças realizado em Londres em 1911, em até três gerações ou em 100 anos, o Brasil seria formado unicamente por pessoas brancas.[23]

Inclusive, essa linha de raciocínio de fortes características eugênicas defendida por João Baptista de Lacerda e pelos demais autores mencionados nos ajuda a compreender também por que o Estado brasileiro incentivou e subsidiou a imigração de mão de obra branca europeia. Ou seja, essa política de imigração não era motivada apenas por questões de ordem econômica, mas, sobretudo, como parte ativa de um projeto de eugenia positiva da população brasileira.[24]

DEMOCRACIA RACIAL E IDEOLOGIA DO BRANQUEAMENTO

As ideias amparadas na chamada "teoria da biologia humana" não vingaram. Elas foram combatidas e descontruídas na Europa ao longo da primeira metade do século 20 por diversos intelectuais e estudiosos e também posteriormente no Brasil. Inclusive, com a publicação do livro *Casa Grande & Senzala* em 1933, por Gilberto Freyre, ocorre uma mudança significativa de perspectiva no tocante à população miscigenada. Em vez de ser considerada degenerada e uma espécie de calcanhar de Aquiles que retardaria o desenvolvimento do país, Gilberto Freyre argumentava que a mestiçagem, na verdade, constituía a característica que tornava o Brasil diferente e "especial" perante o mundo. No entanto, um dos problemas emergidos com a publicação desse livro influente foi a argumentação de que o regime escravocrata brasileiro teria sido mais brando do que o observado nos Estados Unidos e que, por consequência, os negros no Brasil recebiam melhor tratamento e gozavam de melhores possibilidades de integração social.

Gilberto Freyre argumentava nesse sentido que as culturas e os povos negros da África desempenharam um papel importante no desenvolvimento de um novo tipo de civilização – nem europeia, nem africana –, mas de forma clara brasileira. Com isso, dizia o autor, formava-se um novo tipo de civilização, cuja novidade derivaria tanto da mistura racial quanto da mescla de culturas europeias, africanas e indígenas. O negro africano, dizia ele, teria sido integrado não só biológica, mas também sociologicamente.[25]

Não muito tempo depois, o desenvolvimento dessa percepção de um Brasil de relações raciais harmônicas, como defendida por Gilberto Freyre, daria sustentação à emergência da chamada "democracia racial". Uma boa definição do que vem a ser a "democracia racial" é apresentada por Anani Dzidzienyo em seu livro *The position of blacks in Brazilian society* (A posição dos negros na sociedade brasileira, em tradução livre). Ele argumenta que a democracia racial representa a ideia de um lugar "onde pessoas de diferentes raças vivem em harmonia e onde oportunidades de ascensão social estão igualmente disponíveis a todos independentemente de sua origem racial" (DZIDZIENYO, 1971, p. 5).

É possível observar que o advento da "democracia racial" a partir dos anos 1930 alcançou profundo impacto e repercussão não somente no Brasil, mas também em âmbito internacional ao longo das décadas subsequentes. Nesse sentido, um interessante exemplo ilustrativo da repercussão da crença na "democracia racial" em âmbito internacional consiste em uma espécie de videoclipe promocional da cidade do Rio de Janeiro produzido pelo cineasta norte-americano James A. Fitzpatrick em 1932. O filme, de pouco mais de oito minutos de duração, chamado *Rio The Magnificent* (Rio Magnífico, em tradução livre), tinha por objetivo "vender" a cidade do Rio de Janeiro como destino turístico atraente e era direcionado sobretudo ao público norte-americano. Em certo trecho, o narrador diz que no Brasil "a cor da pele não determina a posição social de uma pessoa, e a fronteira racial parecer ser tão sutil e imperceptível que o país se tornou um paraíso de tolerância racial para todas as raças" (FITZPATRICK, 1932).

Subsequente a esse evento, chama atenção o chamado *Projeto Unesco*, de 1950. Ao término da Segunda Guerra Mundial em 1945, e com a fundação da Organização das Nações Unidas no mesmo ano, a entidade buscava meios de evitar a repetição futura dos horrores da eugenia manifestada durante o conflito bélico (ou seja, o Holocausto). Diante do propagado sucesso da "democracia racial" brasileira, a Unesco comissionou um grupo de cientistas sociais para realizarem uma expedição pelo Brasil por um ano. O objetivo consistia em compreender, na prática, como se operava a "democracia racial", de forma a, eventualmente, tentar replicar o modelo em outros contextos sociais, evitando assim futuros episódios análogos ao Holocausto.[26] O estudo revelou que, ao contrário do que o Brasil argumentava, havia de fato problemas nas relações raciais. No entanto, como eles identificaram uma grande lacuna social entre ricos (predominantemente brancos) e pobres (predominantemente negros), entenderam que os problemas eram unicamente de classe, e não raciais.

Além do Projeto Unesco, é possível destacar também a publicação em 1965 de uma reportagem especial na influente revista *Ebony*, nos EUA, direcionada ao público afro-americano. A jornalista Era Bell Thompson passou três meses viajando pelo Brasil com o objetivo de verificar como se operava a "democracia racial" brasileira. Sua conclusão foi de que essa criativa solução encontrada pelo Brasil para enfrentar os problemas raciais poderia não ser a resposta definitiva, mas ela acreditava ser melhor do que a que se vivenciava nos EUA.[27]

Esses três exemplos ilustrativos contribuem para evidenciar o alcance e a repercussão internacional obtidos com a propagação da imagem do Brasil como uma espécie de paraíso tropical pós-racial. Por fim, em âmbito nacional, chama atenção uma campanha televisiva de 1976 promovida pelo governo militar cujo *slogan* era *Este é um país que vai pra frente*.[28] A letra da música, mostrada na sequência, era relativamente simples, mas explorava o recurso da constante repetição de estrofes, de tal forma a se fixar na mente das pessoas, sobretudo de crianças que a memorizavam com muita facilidade e a cantarolavam em qualquer lugar.

> Este é um país que vai pra frente
> De uma gente amiga e tão contente.
> Este é um país que vai pra frente

De um povo unido de grande valor.
É um país que canta,
Trabalha e se agiganta.
É o Brasil do nosso amor.

O discurso embutido na letra dessa música era, primeiramente, de promoção do ideal de desenvolvimento do país ("este é um país que vai pra frente"), mas, claro, convergia com o projeto de modernidade arquitetado desde a proclamação da República, conforme já discutido. Em segundo lugar, transmitia também a ideia de um contexto social de total harmonia como defendido pela "democracia racial" ("uma gente amiga e tão contente"). Em complemento, o vídeo da campanha é feito em estilo de desenho animado (justamente para ser uma peça atraente para as crianças) e suas personagens simbolicamente representam diferentes grupos raciais para reforçar a ideia de harmonia e felicidade só encontrados em uma sociedade pós-racial como a brasileira.

Ora, as chamadas evidências científicas de caráter biológico que justificavam a supremacia branca foram descontruídas, como discutimos. No entanto, a crença nos benefícios simbólicos associados à branquitude continuaram a prosperar no imaginário coletivo brasileiro, e assim permanecem até os dias atuais. Com o passar do tempo, criou-se uma profunda associação entre atributos de ordem positiva com a branquitude, tais como modernidade, padrão de beleza, padrão de normalidade, referência universal da humanidade, inteligência superior, progresso social, entre inúmeros outros. Em contrapartida, atributos de ordem negativa passaram a ser associados à negritude (atraso intelectual, feiura, subserviência, ausência de escolaridade, e por aí afora), como exposto por Adilson Moreira em seu livro *Racismo recreativo*:

> O estabelecimento de um grupo racial como parâmetro cultural universal permite que as características de seus membros, sejam elas reais ou imaginadas, possam ser institucionalizadas por meio da construção da identidade desse grupo como expressão única da humanidade. (MOREIRA, 2019, p. 50)

Nesse contexto, a antropóloga Donna Goldstein, em seu livro *Laughter out of Place* (Humor fora de lugar, em tradução livre), traz um exemplo ilustrativo muito interessante e pertinente. Em sua pesquisa junto a uma comunidade carente no Rio de Janeiro, ela constatou que muitos moradores de pele clara acreditam que sua tez pode lhes trazer mais benefícios do que a de pessoas de pele escura. Esses residentes acreditam que possuir pele clara lhes garante "melhores chances de serem bem-sucedidos na vida, incluindo melhores oportunidades de trabalho e até mesmo melhores oportunidades de migrarem da comunidade carente para outras localidades simples, porém, mais respeitáveis" (GOLDSTEIN, 2003, p. 108).

Analogamente a essa reflexão, a psicóloga Lia Vainer Schucman revela um episódio muito pitoresco em sua tese de doutorado, na qual investiga o fenômeno da branquitude em São Paulo. Ela entrevistou mais de 40 pessoas de todas as classes sociais para compreender, a partir do ponto de vista dos entrevistados, o que representava ser branco para eles. Um desses entrevistados era um morador de rua que disse que, diferentemente de seus colegas negros, ele pode entrar no banheiro de um shopping center para fazer suas necessidades sem ser abordado pelos seguranças.[29]

Ou seja, o que Donna Goldstein e Lia Vainer Schucman revelam em seus estudos é que a percepção de benefícios simbólicos associados à pele clara está profundamente enraizada no imaginário coletivo brasileiro. Esses benefícios podem ser tangíveis ou intangíveis, mas o fato é que as pessoas acreditam neles, e essa lógica se manifesta tanto nas relações raciais quanto na forma como nossa sociedade está estruturada em termos de hierarquias raciais.

A argumentação defendida pelas autoras dialoga diretamente com a análise crítica desenvolvida pela pesquisadora brasileira Alessandra Devulsky em seu livro *Colorismo*. Nele, a autora defende que esse pseudobenefício simbólico associado à pela mais clara "nada mais é do que um desdobramento do racismo, que poderíamos assim chamar de colorismo" (DEVULSKY, 2021, p. 27). Ou seja, trata-se do estabelecimento de hierarquias raciais fundamentadas na percepção de tons de pele, sendo que, quanto mais claro e próximo da branquitude, mais se sobe nessa escala hierárquica e, obviamente, o contrário também é verdadeiro. Quanto mais escuro o tom, mais baixas seriam as posições na escala hierárquica baseada na cor de pele.

Adicionalmente, como diz a socióloga France Winddance Twine em seu livro *Racism in a Racial Democracy* (Racismo em uma democracia racial, em tradução livre), isso sinaliza que a crença na ideologia do branqueamento contribui para a reprodução "de uma ordem simbólica que conecta branquitude a privilégios materiais, enquanto conecta a negritude a pobreza e inferioridade" (TWINE, 1998, p. 108). Em complemento a essa análise, a doutora em Comunicação e Estudos Audiovisuais Ceiça Ferreira argumenta que, no Brasil, a branquitude confere ao indivíduo a possibilidade de transitar por diversos espaços sociais, enquanto a negritude limita esse trânsito e marca posições hierárquicas e papéis sociais muito bem definidos.[30]

Portanto, não por acaso, a estética eurocêntrica caucasiana continua sendo tão valorizada na sociedade contemporânea brasileira. Basta prestar atenção, por exemplo, nas onipresentes telenovelas nas quais durante décadas os negros têm exercido sobretudo papéis secundários e de baixa representação social, como revelado por Joel Zito Araújo em seu livro *A negação do Brasil*.[31] Além disso, é possível observar também a baixa participação de jornalistas negros como apresentadores ou âncoras de telejornais nas principais emissoras abertas de televisão,[32] a ausência ou representação estereotipada em histórias em quadrinhos,[33] em propagandas impressas,[34] no cinema e em minisséries de TV.[35] Ou seja, no projeto de Brasil moderno arquitetado pela elite brasileira, a negritude tem sido com frequência relegada a segundo plano, de tal forma que a branquitude continue imperando como padrão único e predominante de normalidade.

CONSTRUÇÃO DA IDENTIDADE NACIONAL

> "A gente nasce preta, mulata, parda, marrom, roxinha, etc., mas tornar-se negra é uma conquista."
> (Lélia Gonzalez)[36]

Naturalmente que a análise do processo de construção da identidade nacional brasileira não é unidimensional e envolve uma série de aspectos. Porém, dentro do escopo do presente livro, escolhi abordar a questão da adoção consciente pela elite brasileira do padrão estético feminino branco. Em primeiro lugar porque, como veremos na sequência, essa escolha da elite dialoga diretamente com o conceito da ideologia do branqueamento discutido no capítulo anterior. Em segundo, porque mais adiante vai nos ajudar a compreender melhor por que a mulher negra representa o alvo preferencial de discursos racistas nas redes sociais.

Esse debate é relevante porque a promoção de determinados padrões de beleza tem desempenhado um papel fundamental para a naturalização de determinadas hierarquias raciais.[37] Além disso, discutiremos também as abordagens de empoderamento adotadas pelas mulheres negras brasileiras com o objetivo de desafiar, simultaneamente, o padrão de beleza hegemônico caucasiano e o processo de identidade nacional caracterizado como excludente e permeado por ideologias branqueadoras.

De início, é importante compreender que os pilares fundamentais para o estabelecimento das hierarquias dominantes da beleza feminina no Brasil remontam ao período colonial. Conforme discutido no capítulo anterior, as ideologias raciais dominantes naquela época, defendidas por influentes autores, não só enalteciam a branquitude, mas também associavam negritude e mestiçagem à falta de beleza e ao elevado grau de degeneração moral. Inclusive, na literatura acadêmica, há vários relatos de uma série de representações negativas da aparência de negros e mestiços feitos por viajantes europeus.

Nesse sentido, a antropóloga Doreen Gordon relata que no século 18, por exemplo, o francês Arthur de Gobineau escreveu que, no Brasil, ele estava "lidando com uma população totalmente mulata, corrupta até os ossos e terrivelmente feia"

(GORDON, 2016, p. 120). Da mesma forma, o autor alemão Johann Baptist von Spix afirmou em 1824 que o estilo de cabelo dos africanos "formava uma espécie de peruca prodigiosa e muito feia" (von SPIX *et al.*, 1824, p. 324). Em contrapartida, quando se tratava de descrever as mulheres brancas, os autores da época recorríam a palavras bem mais gentis para destacar suas principais características. A esse respeito, nota-se que o português Henry Koster afirmava que a tez das mulheres brancas "não era mais escura que a das portuguesas em geral, os olhos e os cabelos eram negros, e os traços em geral eram bons, sua figura era miúda, mas bem formada" (KOSTER, 1816, p. 24). Com o tempo, no Brasil, esse tipo de representação contrastante foi reforçado e disseminado em livros didáticos, em romances de ficção de sucesso como *O cortiço*, de Aluísio Azevedo, e *Gabriela cravo e canela*, de Jorge Amado, nos meios de comunicação de massa e em produtos culturais como as onipresentes telenovelas.

Conforme discutido no capítulo anterior, o processo de construção do Brasil moderno, entre o fim do século 19 e início do século 20, impulsionou a elite brasileira a arquitetar uma nova identidade para a população racialmente mista. Nesse contexto, a historiadora Susan Besse explica que os concursos de beleza da década de 1920 cumpriram o importante papel de projetar "uma imagem idealizada de uma cultura inclusiva e democrática, obscurecendo a realidade das exclusões raciais, de classe e de gênero e promovendo a identificação com o estado-nação" (BESSE, 2005, p. 96).

A historiadora acrescenta ainda que, no pensamento coletivo, os concursos de beleza contribuíram para transmitir a imagem do que significava ser brasileiro e, ao mesmo tempo, o ideal de um país moderno, em convergência com as aspirações da elite dominante. Além disso, os concursos de beleza também serviam para projetar a imagem do Brasil internacionalmente, no sentido de que pretendiam que sua face visível "demonstrasse o 'progresso' do Brasil e sua capacidade de atingir o mais alto nível de civilização" (BESSE, 2005, p. 98).

Na verdade, a ideologia do branqueamento foi defendida abertamente pelos organizadores dos concursos de beleza. Evidência desse fato está na declaração feita em um artigo de 1921 publicado na *Revista da Semana* argumentando que "o concurso de beleza não é mais um mero exercício de vaidade ou um entretenimento comum para leitores de revistas superficiais, mas alcançou um significado de valor eugênico que atesta os atributos físicos de uma raça" (SEMANA, 1921, p. 12).

Embora os concursos de beleza pretendessem ser (ou pelo menos fossem anunciados como) representativos da diversidade racial brasileira e abranger o que se dizia ser "a grande variedade de tipos regionais", a historiadora Susan Besse argumenta que mulheres brancas sempre foram as finalistas e as vencedoras escolhidas pelo júri masculino branco.[38] Além disso, em outro concurso internacional de beleza realizado no Rio de Janeiro em 1930, também chama atenção a declaração oficial feita pelos organizadores no *Álbum Oficial* e no jornal *A Noite* após o anúncio da vencedora (uma jovem branca de 19 anos chamada Yolanda Pereira). Foi argumentado que "ela era brasileira em sua personificação mais elevada. Sua tez é como toda mulher deveria parecer para ser chamada de brasileira. Ela é o símbolo da nossa raça" (LEVER, 1930, p. 3; SOUZA, 1930, capa).

Considero que a intersecção desses elementos (gênero, raça e identidade nacional) é reveladora do pensamento dominante que moldou a construção da brasilidade. Pois revela um intrincado e sutil jogo de inclusão e exclusão, visto que é possível perceber uma clara adoção da beleza branca como representação máxima da identidade nacional, excluindo os demais grupos raciais, sem sequer mencioná-los.

Posicionando os eventos em perspectiva histórica, é relevante observar que esses pioneiros concursos de beleza aconteceram na década de

1920, passados apenas cerca de 40 anos da abolição da escravidão. No entanto, conforme abordado no capítulo anterior, já estava em vigor um discurso negacionista com o objetivo de apagar esse acontecimento histórico inconveniente da mentalidade coletiva. Além disso, esse contexto social também serviu de base para o desenvolvimento da "democracia racial" preconizada por Lívio Tito Castro em artigo publicado no jornal *A Província de São Paulo* em 1889[39] e Evaristo de Moraes em artigo publicado em *O Getulino* em 1924.[40] Contudo, a crença na "democracia racial" viria a ganhar seu impulso definitivo somente alguns anos depois, com a publicação do livro *Casa Grande & Senzala* por Gilberto Freyre em 1933.

Portanto, pode-se inferir que, para a elite governante, a beleza feminina consistia na representação mais adequada da brasilidade tanto no país quanto em âmbito internacional. No entanto, levando-se em consideração que os tão almejados progresso e modernidade foram fortemente influenciados por ideologias eugênicas, apenas as mulheres brancas seriam o símbolo legítimo da identidade nacional em formação. Quanto aos demais grupos raciais, restou-lhes a possibilidade de emular o padrão de beleza dominante, mas sem que fossem de fato nivelados a ele.

ASPECTOS DA ESTÉTICA NACIONAL HEGEMÔNICA

Evoluindo da reflexão desenvolvida na sessão anterior, penso que provavelmente o(a) leitor(a) já tenha se deparado com expressões como "a beleza vem de dentro", "beleza é superficial" e "a beleza está nos olhos de quem vê". Em essência, esse tipo de expressão procura transmitir a ideia de que as pessoas não deveriam se preocupar muito com a aparência externa porque tais preocupações seriam irrelevantes ou relacionais em vez de absolutas (está nos olhos de quem vê). No entanto, no contexto social brasileiro, sabe-se que a preocupação com a aparência física não só faz parte do cotidiano de muitas pessoas e movimenta um mercado consumidor muito grande, mas também que existe um conhecido e claro padrão de beleza feminina dominante compreendido das seguintes características: tez branca, cabelo louro liso, corpo esguio e olhos claros (azuis ou verdes).[41]

Nesse sentido, a psicanalista Neusa Santos Souza, a professora Kia Lilly Caldwell e a antropóloga Marcia Mikulak defendem argumentos convergentes. As autoras afirmam que o embranquecido padrão de beleza dominante no Brasil tem sido amplamente disseminado, fomentado e reforçado por vários mecanismos culturais ao longo do tempo, de tal forma que se internalizou e se naturalizou no imaginário coletivo, inclusive de mulheres negras e mestiças.[42]

A afirmação dessas três autoras é defendida também em diferentes estudos. Joel Zito Araújo, por exemplo, argumenta que nas telenovelas há uma clara preferência dos produtores por "escalar atores brancos para representar a beleza brasileira ou o típico brasileiro comum – o que é resultado de um modelo estético derivado da ideologia do branqueamento" (ARAÚJO, 2008, p. 981). Um emblemático exemplo ilustrativo dessa estética de branqueamento dominante e da sexualização do corpo feminino negro é encontrado na novela *Da cor do pecado*, de 2004. Na época, a produção foi elogiada como um marco importante na TV brasileira por ser a primeira vez em mais de 50 anos a ter uma atriz negra como protagonista em uma produção do horário nobre.

No entanto, a pesquisadora Luciene Cecília Barbosa afirma que o título já transmite uma sutil imagem estereotipada da mulher negra.[43] Isso porque a expressão "da cor do pecado" está intrinsecamente ligada à ideia do pecado da carne, significando que uma pessoa (em geral, uma figura masculina) caiu em tentação devido à cor de pele linda e irresistível e ao atraente corpo sexy de outra pessoa (uma mulher). Além disso, a personagem feminina negra da trama só alcança mobilidade social ascendente ao se casar com um homem rico de ascendência italiana, reforçando sutilmente a intersecção entre ideologia do branqueamento, padrão de beleza eurocêntrico e posição social privilegiada do homem branco. Em outras palavras, essa união representa uma forma pela qual a personagem negra subiria na hierarquia social e racial, saindo de seu lugar "original e legítimo" de inferioridade e passando a ocupar um posicionamento intermediário aprimorado.

Ainda dentro dos domínios de programas televisivos de entretenimento comercialmente bem-sucedidos e influentes, é notório observar que, por mais de 30 anos, Xuxa[44] foi o principal paradigma da "genuína" beleza feminina brasileira. A antropóloga Donna Goldstein inclusive argumenta de maneira crítica que a Xuxa, na condição de um dos ícones da televisão brasileira e de símbolo de beleza feminina, com seus cabelos loiros e olhos azuis, representou o modelo de beleza aspirado por meninas de diferentes gerações. Em complemento a essa linha de raciocínio, a socióloga France Winddance Twine argumenta que a Xuxa exemplifica uma hierarquia estética que privilegia e valoriza a branquitude, que se naturalizou no Brasil. Portanto, o que essas duas pesquisadoras estão revelando é que, ao promover a imagem da Xuxa como o padrão máximo de beleza feminina brasileira por mais de 30 anos, a televisão contribuiu para reforçar as mesmas ideologias de branqueamento fomentadas desde a década de 1920 nos concursos de beleza.

Em contraste, se avaliarmos, por exemplo, a minissérie *Sexo e as negas* de 2014, a qual, em princípio, se propunha a transmitir uma representação empoderadora das mulheres negras, podemos observar que acabou falhando em seu propósito. Em vez de destacar, por exemplo, a mobilidade social ascendente bem-sucedida das mulheres negras, o engajamento delas em profissões qualificadas, ocupando variadas posições simbólicas de poder, a série foi exatamente na contramão e acabou por reforçar diversos estereótipos negativos. Além de explorar a sexualização exagerada do corpo feminino negro, exibiu possibilidades bastante limitadas de mobilidade social ascendente e engajamento apenas com ocupações subservientes de baixa qualificação.[45]

Segundo a especialista em estudos de gênero e feminismo Karen Greco Soares, a ideia central do diretor e da equipe de roteiristas era criar uma espécie de paródia do bem-sucedido seriado de TV norte-americano *Sex & the City* (exibido entre 1998 e 2004). No entanto, a começar pelo título, *Sexo e as negas*, foi fortemente criticado por muitas mulheres negras devido às conotações negativas que transmitia (semelhante à questão levantada com a telenovela *Da cor do pecado*). Além disso, as quatro principais personagens femininas negras viviam em uma favela do Rio de Janeiro (em vez de em um lugar glamoroso equivalente à Nova York retratada em *Sex & the City*), e seus corpos sensuais foram explorados e tratados como seus únicos recursos para navegação social.

Outro relevante exemplo ilustrativo de contrastes em termos de representações sociais que vale a pena citar é a ex-Mulata Globeleza Nayara Justino. Ela havia sido eleita por voto popular no final de 2013, porém, logo após o encerramento da temporada de carnaval de 2014, a emissora Rede Globo de Televisão a dispensou, aparentemente, por ser negra demais. Para a temporada de carnaval do ano seguinte, sem votação popular, a emissora escolheu como nova Mulata Globeleza uma modelo de pele bem mais clara.

O caso teve, inclusive, repercussão na imprensa internacional, com um artigo publicado pela jornalista Shonitria Anthony em 2016 no jornal norte-americano *HuffPost*[46] e um curto vídeo-documentário, produzido também em 2016, pelo jornal inglês *The Guardian* intitulado *The Brazilian carnival queen deemed too black* (A rainha do carnaval brasileiro considerada negra demais, em tradução livre).[47] Em nota oficial emitida na ocasião, a Rede Globo de Televisão negou que sua decisão tivesse sido influenciada por qualquer tipo de preconceito ou postura racista.

Contudo, voltando um pouco no tempo, é possível perceber muito claramente que essa emissora não se mostra favorável ao protagonismo negro em suas produções. Em entrevista ao jornalista Helio Ponciano na revista *Bravo!* em 2002, o então diretor da Central Globo de Comunicação, Luis Erlanger, afirmava que:

> O fato de não haver seleção de mais atores negros para os programas da emissora não se deve a um critério de competências. Não há mais oferta de papéis porque os negros não ocupam cargos de destaque na sociedade. A telenovela procura refletir isso. (PONCIANO, 2002, p. 67).

Em complemento a essa afirmação, ainda na mesma reportagem, o novelista Aguinaldo Silva sustentava que "a realidade deveria mudar primeiro que a dramaturgia e não o inverso. E quando a realidade for modificada, certamente a dramaturgia televisiva o será também" (PONCIANO, 2002, p. 70).

O segundo exemplo recente abrange a Miss Brasil 2017, Monalysa Alcântara. Desde 1954, quando o concurso de beleza passou a ser realizado anualmente, ela se tornou apenas a terceira mulher negra a ser coroada Miss Brasil. No entanto, o que chama atenção são as fortes reações negativas em relação a sua conquista, menosprezando não só sua beleza e sua condição de nordestina, mas também sua falta de legitimidade como representante "genuína" da brasilidade no cenário internacional. Entre as dezenas de comentários agressivos que circularam em diferentes plataformas de redes sociais, destaco os seguintes conforme amplamente noticiado pela imprensa nacional em veículos como *Folha de S.Paulo*, *Veja*, entre outros[48]:

> Credo! A Miss Piauí tem cara de empregadinha, cara comum, não tem perfil de miss, não era pra tá aí. Sorry! A Rio Grande do Sul é muito mais bonita. A Piauí ganhou por cotas mesmo.
> Não é exagero. Só quero que ela morra antes do Miss Universo, pra Ju assumir o posto.

A "Ju" a que um dos usuários se refere (como se fosse íntimo dela) é a jovem Juliana Müller, Miss Rio Grande do Sul, que ficou com o segundo lugar no concurso. Mas é interessante observar também que os agressivos comentários revelam facetas de arraigados preconceitos não só raciais, mas também com relação ao lugar de origem. Primeiro, a vencedora Monalysa Alcântara, além de ser negra, é também nordestina (ela nasceu no estado do Piauí). Como se isso não bastasse, a segunda colocada, Juliana Müller, é proveniente do Rio Grande do Sul, um dos principais destinos históricos dos imigrantes europeus do início do século

20 (inclusive, notem que até o sobrenome da jovem remete a uma possível ascendência alemã). Portanto, simbolicamente, sob a perspectiva de supremacistas brancos, a jovem Juliana Müller evoca os ideais brasileiros de modernidade, progresso, padrão máximo de beleza, entre outros atributos positivos. Sendo assim, a vitória da Monalysa Alcântara desestabilizou o ideal de beleza eurocêntrica caucasiana e desencadeou os discursos de ódio como vistos acima já que, na mente dessas pessoas, ela não é uma legítima representante da brasilidade e aquele posto não lhe pertence, como deixa bem claro o primeiro comentário: "sinto muito, mas não era para ela estar ali".

Outro emblemático exemplo de promoção e reforço da branquitude como sinônimo dominante da beleza brasileira e representante de nossa "fachada moderna" consiste na cerimônia de abertura dos Jogos Olímpicos do Rio de Janeiro em 2016. Os organizadores do evento escolheram a modelo Gisele Bündchen (praticamente uma sucessora da Xuxa em termos de ideal de beleza) para caminhar pela passarela no estádio do Maracanã representando o Brasil perante o público internacional e simbolizando a "genuína" beleza brasileira. Ou seja, assim como as jovens brancas dos concursos de beleza da primeira metade do século 20 compuseram a genuína e legítima face visível da brasilidade aos olhos dos próprios brasileiros e da comunidade internacional, a mesma crença ainda se manifesta com bastante naturalidade na sociedade brasileira contemporânea. Ademais, similarmente ao episódio envolvendo a vencedora do concurso de Miss Brasil 2017, a modelo Gisele Bündchen também é nascida no Rio Grande do Sul e tem sobrenome que sugere ascendência alemã. Sendo assim, a cerimônia de abertura dos Jogos Olímpicos transmitiu de forma subliminar os valores da ideologia do branqueamento e "modernidade" há muito almejados pela elite nacional.

No entanto, esse cenário também levanta uma questão bem intrigante. Fica claro que o branqueamento foi e continua sendo promovido e reforçado como sinônimo de beleza brasileira e representante da identidade nacional. A negritude representava (e continua a representar), por sua vez, valores e atributos diametralmente opostos à branquitude. Contudo, pergunto, o que aconteceu com a distinta e celebrada mestiçagem brasileira que emergiu com *Casa Grande & Senzala* de Gilberto Freyre nos anos 1930?

O que se observa é que a beleza feminina associada à mestiçagem no Brasil não tem sido promovida ou valorizada em nível equivalente de importância e legitimidade à beleza branca. Na verdade, a beleza mestiça se desenvolveu predominantemente associada a atributos de caráter sensuais e à superexposição do corpo feminino. A esse respeito, é interessante observar, por exemplo, que no início do século 20 coexistia um discurso de mão dupla que enaltecia a beleza brasileira e a identidade nacional em âmbito internacional, porém, com objetivos distintos. A beleza feminina branca tinha como objetivo promover o "progresso" e a "modernidade" brasileira para o mundo. Em paralelo, houve um esforço institucional para "vender" o Brasil como destino turístico atraente. Todavia, para esse fim, a mensagem central era que o Brasil seria uma espécie de paraíso tropical e as mulatas sensuais ocupavam lugar de destaque nesse discurso, só que, lamentavelmente, transmitindo uma imagem de permissividade sexual.[49]

Na verdade, essa imagem converge com as históricas representações contrastantes discutidas antes de mulheres brasileiras brancas (predominantemente associadas a atributos positivos) e mulheres negras (subservientes) e mestiças (objetos sensuais). Assim, é possível observar que, com o passar do tempo, a sociedade brasileira naturalizou percepções que associam mulheres mestiças (mulata, morena e toda a miríade de terminologias raciais intermediárias) com sensualidade, desejo e luxúria. Esse tipo de percepção que retrata a mulata como um objeto sensual também foi incorporado, disseminado e reforçado, por exemplo, em vários programas de TV como a novela *Da cor do pecado*, a minissérie *Sexo e as negas*, o show de variedades *As mulatas do Sargentelli*, e em romances ficcionais que se tornaram clássicos da literatura nacional como *O cortiço* e *Gabriela, cravo e canela*.

Por fim, é pertinente mencionar uma passagem marcante no livro *Laughter out of place*, da antropóloga Donna Goldstein, na qual a autora reproduz um antigo adágio brasileiro que diz que "mulher branca é pra casar, mulata é pra transar e negra é pra trabalhar" (GOLDSTEIN, 2003, p. 102). Ou seja, além do caráter profundamente misógino desse ditado, fica muito clara também a manifestação de uma hierarquia racial baseada em papéis sociais muito bem definidos e presentes no imaginário coletivo nacional.

CABELO AFRO E RESISTÊNCIA

É sabido que, por muitas décadas, o estilo de cabelo natural afro tem sido objeto de desvalorização no Brasil. Frequentemente, ele é associado a uma enormidade de termos pejorativos como "cabelo ruim", "cabelo de Bombril", "cabelo vassoura de bruxa" e por aí afora. A lista é muito grande e creio ser desnecessário repeti-la aqui, sobretudo devido ao seu caráter bastante depreciativo. Mas, por conta desse longevo processo de desvalorização estética, é possível notar que incontáveis mulheres negras não aceitaram (ou ainda não aceitam) com facilidade seus cabelos naturalmente cacheados, encaracolados ou crespos. Em vez disso, de acordo com a psicanalista Neusa Santos Souza e a antropóloga Kia Lilly Caldwell, muitas mulheres negras preferem alisar seu cabelo crespo com um duplo propósito: 1) se esquivarem da exposição a situações de *bullying* e toda sorte de termos pejorativos em geral associados a cabelos crespos; e 2) aproximar-se ou incorporar-se ao padrão de beleza dominante.

Ou seja, no contexto social brasileiro, não apenas a cor da pele e outras características físicas, como tamanho dos lábios e formato do nariz, podem determinar a posição de uma pessoa na escala hierárquica racial, mas também o estilo de cabelo, porque este representa um marcador racial visível e evidente.

O padrão de beleza predominante no Brasil impõe alguns desafios curiosos tanto para mulheres negras quanto para pardas e mestiças. Em primeiro lugar, conforme já discutido, a face visível da identidade nacional brasileira foi construída em cima da ideologia do branqueamento, a qual beneficia as pessoas que se enquadram nas características do grupo hegemônico, enquanto de forma sutil exclui as demais pessoas que destoam dos padrões dominantes. Esse processo é o que o psicólogo social Ricardo Franklin

Ferreira denomina racismo silencioso brasileiro, pois se manifesta de formas dificilmente perceptíveis, haja vista que muitos de seus aspectos foram naturalizados no imaginário coletivo.[50]

Além disso, pode-se observar que as normas estéticas representam outro grande desafio para as mulheres não brancas divididas em duas categorias. Por um lado, conforme argumentado pela antropóloga Kia Lilly Caldwell, "características como cor da pele, textura dos cabelos, formato e tamanho do nariz e lábios pertencem à categoria de beleza". Em contrapartida, aspectos como "seios, quadris e nádegas são atribuídos à categoria sexual" (CALDWELL, 2003, p. 21). Essa dupla categorização sugere que, no Brasil, a primeira categoria é retratada de forma positiva em relação às mulheres brancas, enquanto, para as negras, as mesmas características são retratadas negativamente.

Inclusive, a esse respeito, é possível verificar também que, historicamente, a iconografia brasileira costumava retratar as mulheres negras em proporções exageradas de certos aspectos de seus corpos (nariz, lábios e nádegas), enfatizando sua "feiura" em contraste com as mulheres brancas.[51] Sendo assim, com o passar do tempo, a categoria de atributos de natureza sexual foi associada às mulheres mestiças, dando lugar a outro tipo de identidade nacional que enaltece a permissividade sensual de um carnavalesco paraíso tropical.

Contudo, apesar do quadro bastante desafiador para as mulheres negras, é possível observar também, em um passado recente, a emergência de diversos movimentos e iniciativas visando enfrentar o hegemônico padrão estético embranquecido e promover empoderamento das mulheres negras. Nesse contexto, nota-se que muitas ativistas negras e líderes de organizações não governamentais têm se apoderado de terminologias raciais como "negra", "criola" e "preta" e incorporado significados positivos a elas. Esse movimento é importante porque sugere que as mulheres negras estão na vanguarda de um processo de maior aceitação de sua identidade étnico-racial, bem como de claro posicionamento político.[52] Ou seja, muito mais do que uma transição de ordem estética, esse processo simboliza a redescoberta e a consolidação de sua autoestima e confiança. Conforme argumentado pela psicanalista Neusa Santos Souza em seu livro *Tornar-se negro*, uma das formas de exercitar a completa autonomia é assumindo um discurso sobre si própria.

Sendo assim, a aceitação do cabelo afro natural constitui importante e significativo elemento da feminilidade negra e símbolo de poder sociocultural. Por consequência, é possível deduzir que o posicionamento político conferido pela aceitação do cabelo afro contribui para resistir ao padrão de beleza predominantemente caucasiano no Brasil e propõe uma identidade nacional renovada e mais diversificada. Acima de tudo, traz para o primeiro plano uma identidade afro-brasileira que resgata os legados das raízes africanas que formaram e moldaram o Brasil, apesar dos esforços institucionais em apagar essa história.

DISCURSOS RACISTAS MIGRAM PARA AS REDES SOCIAIS

"O Haiti é aqui. O Haiti não é aqui."
(Gilberto Gil e Caetano Veloso)[53]

Nos estágios iniciais da internet, em meados dos anos 1990, surgiram diversas vozes no cenário internacional que defendiam o argumento de que essa tecnologia seria o que em inglês é definido pelo termo *colour blind*.[54] Ou seja, a internet seria um espaço virtual amplamente democrático, que permitiria às pessoas desconsiderarem diferenças raciais, desigualdades sociais, sentimentos xenofóbicos, preconceitos e intolerâncias de toda ordem.

Nesse contexto, o professor de literatura da Duke University Mark B. Hansen, por exemplo, publicou em 2006 o livro *Bodies in Code: Interfaces with Digital Media* (Corpos em código: interações com mídias digitais, em tradução livre). Na publicação, ele defende que "ao suspender a atribuição automática de significantes raciais de acordo com traços visíveis, pode-se dizer que, em certo sentido, o ambiente virtual sujeita todos ao que chamarei de "grau zero" de diferença racial" (HANSEN, 2006, p. 141). No entanto, algum tempo depois, em 2009, a socióloga Jesse Daniels publicou o livro *Cyber Racism* (Racismo cibernético, em tradução livre), no qual expressa sua veemente discordância dessa argumentação e diz que acreditar em *colour blindeness* consiste muito mais em um mito do que em realidade concreta.

Em um estudo subsequente de 2013, Jesse Daniels complementa sua discordância explicando que o argumento de *colour blindness* era falho também por se fundamentar em uma internet baseada somente em interações textuais, a qual já não existia mais. Na verdade, o que Jesse Daniels defende é que, com a evolução tecnológica, a internet tornou-se um terreno fértil para o despertar do "racismo cibernético", ou o que ela chama de "supremacia branca online". A ideia central por trás desse conceito é que "a supremacia branca online explora mecanismos exclusivamente baseados na web para minar os direitos civis e os valores da igualdade racial com discurso abertamente racista e antissemita" (DANIELS, 2009, p. 20).

Em alinhamento com o ponto de vista defendido por Jesse Daniels, as sociólogas Heather Hensman Kettrey e Whitney Nicole Laster argumentam, em artigo publicado em 2014, que a internet não é um território *colour blind*. As autoras afirmam que, na verdade, trata-se de um espaço em que raça e racismo são marcadamente significativos, e os resultados de seus estudos sugerem que, no contexto social norte-americano, "a web é um espaço embranquecido que propicia acesso mais facilitado e maior poder aos usuários brancos do que aos usuários negros" (KETTREY; LASTER, 2014, p. 257). As autoras defendem essa ideia por entenderem que o maior capital econômico e cultural dos brancos em comparação aos negros os equipa para terem mais acesso à internet. Consequentemente, o grupo social dos brancos teria conseguido elevar seu poder simbólico e seus privilégios dentro do ambiente online, disseminando e reforçando suas próprias visões, valores e crenças sobre eles próprios e "os outros".

No contexto social brasileiro, existem dados convergentes com o quadro descrito pelas sociólogas norte-americanas. De acordo com estudo de 2007, conduzido pelo sociólogo Júlio Jacobo Waiselfisz, pessoas brancas têm duas vezes mais acesso à internet do que pessoas negras, o que contribui para seu maior poder simbólico e para os privilégios no uso dessa moderna tecnologia digital.[55] Esse cenário de desigualdade de acesso à internet levou à implantação, no fim da década de 1990 e início dos anos 2000, de uma série de políticas públicas com o objetivo de promover maior inclusão digital no Brasil.[56] No entanto, independentemente da relevância dessas políticas públicas, pode-se observar que elas foram pensadas muito mais sob uma perspectiva de desigualdades sociais, enquanto ignoraram a dimensão de disparidades de acesso entre diferentes grupos raciais.

Prova disso é o fato de que, até o momento, o único estudo que explorou essa dimensão das desigualdades digitais sob o prisma racial foi o realizado pelo sociólogo Júlio Jacobo Waiselfisz em 2007. Enquanto estudos mais recentes sobre o mesmo tema, como o *Mapa da Inclusão Digital*, em suas edições de 2012 e 2013, não abordam essa dimensão.[57] Além disso, no estudo intitulado *A inclusão digital do negro no Brasil*, publicado em 2016, os autores também argumentam que, entre as políticas públicas em vigor para combater as desigualdades digitais no Brasil, não há muitas voltadas para atingir especificamente grupos raciais menos favorecidos.[58]

Ainda no que tange à ausência de neutralidade das tecnologias digitais na disseminação e no reforço do racismo institucional, cabe destacar dois trabalhos mais recentes. Primeiramente, a pesquisadora norte-americana Safiya Umoja Noble, em seu livro *Algorithms of Oppression* (Algoritmos da opressão, em tradução livre) publicado em 2018, defende que, ao contrário do que se divulga, mecanismos de busca como o Google não oferecem um campo igualitário para a disseminação de diferentes formas de ideias, identidades e atividades.[59] Na verdade, complementa a autora, a discriminação é um problema bastante real. A combinação de interesses privados na promoção de determinados *websites*, bem como o status monopolizador de um número reduzido de mecanismos de busca, conduz a um conjunto de resultados de buscas enviesados que privilegiam a branquitude em detrimento da negritude, desfavorecendo em especial as mulheres negras. Em segundo lugar, e na verdade bastante convergente com o trabalho anterior, o pesquisador brasileiro Tarcízio Silva defende o conceito de "racismo algorítmico". Segundo o autor, esse constructo se define como interfaces e sistemas automatizados, tais como as plataformas de redes sociais e os mecanismos de buscas, que podem não somente reforçar, mas também ocultar dinâmicas de cunho racistas das sociedades onde são empregadas e amplamente disseminadas.[60]

Nesse ponto, é relevante explicar também que a transição de uma experiência online apenas textual, como abordado pela socióloga Jesse Daniels, para uma interação mais dinâmica e multimídia como a que conhecemos atualmente foi o que possibilitou o surgimento de plataformas de redes sociais como Facebook e Orkut em 2004, e todas as demais nos anos seguintes. Segundo estudiosos da área de tecnologia da informação, no início a internet não oferecia muitas oportunidades ou capacidades técnicas para qualquer tipo de interação entre seus usuários. Essa configuração é chamada de internet baseada em texto, web 1.0 ou comunicação *one-to--one*.[61] No entanto, no início dos anos 2000, surgiu a chamada web 2.0 (também conhecida por comunicação *many-to-many*[62]), que abriu possibilidades de comunicação bem mais aprimoradas, formas variadas de interação entre grupos e pessoas, colaborações e redes dinâmicas entre usuários.[63]

Logo, Facebook, Instagram, Orkut, Twitter e afins somente puderam se tornar empresas viáveis devido a essa mudança no cenário tecnológico, uma vez que todas elas dependem de massivas conexões em rede entre seus usuários. E esse novo cenário possibilita aos usuários construírem e disseminarem entre si não apenas conteúdo textual, mas também imagens, áudios e vídeos para um público muito mais amplo do que se podia conceber no cenário anterior.

Contudo, existem diversos estudos tanto em âmbito brasileiro quanto internacional revelando que, ao mesmo tempo em que essa tecnologia digital cresceu em alcance, popularidade e faturamento de forma exponencial ao longo dos últimos anos, ela também se tornou terreno fértil para a propagação de discursos de ódio, preconceito e uma grande variedade de conteúdo impróprio. Com o intuito de ilustrar para o(a) leitor(a) em que medida esse fenômeno tem atingido diversos contextos sociais, trago uma amostra de alguns dos estudos mais representativos.

Na Austrália, por exemplo, destaca-se um estudo conduzido pela pesquisadora Emma Jane que investiga a proliferação de agressivos discursos misóginos na internet, no Facebook e no Twitter.[64] Na Colômbia, o sociólogo Eduard Arango desenvolveu uma análise crítica do discurso de comentários racistas no Facebook e no Twitter desencadeados por uma postagem feita por uma revista de grande circulação no país, a qual transmitia representação social desigual dos negros colombianos.[65] Na Itália, há dados de 2019 revelando que os grupos sociais mais frequentemente atacados no Twitter compreendem imigrantes, mulheres e muçulmanos.[66] Já na Inglaterra, chama a atenção a participação do prefeito de Londres, Sadiq Khan, em um famoso congresso de tecnologia da informação nos EUA em 2018. Como convidado de honra no evento, ele leu diversos tuítes ofensivos publicados contra ele e cobrou mais responsabilidade por parte das corporações.[67] Por fim, nos Estados Unidos, a socióloga Stephanie Laudone desenvolveu um estudo qualitativo com o objetivo de explorar em que medida e de que formas discursos racistas são veiculados no Facebook naquele país.[68]

Quanto ao contexto social brasileiro, conforme abordado na Introdução deste livro, tem existido um número crescente de estudos investigando o fenômeno, o que sinaliza com clareza a relevância desse problema social cuja tendência, lamentavelmente, tem sido de crescimento.

Mas, o que quero chamar a atenção do(a) leitor(a) ao elencar essa singela amostra de estudos (isso porque existem muitos mais) é para a evidência de que, conjuntamente, eles contribuem para revelar um quadro preocupante. As redes sociais (sobretudo Twitter, Facebook e Instagram, mas não somente essas) se tornaram uma arena virtual que permite às pessoas destilarem toda sorte de discursos racistas, misóginos e discriminatórios contra diversos grupos sociais. Essa tecnologia digital lhes proporcionou a capacidade não apenas de construir discursos de ódio, mas também de disseminá-los para um público muito amplo e de forma instantânea.

Em outras palavras, conforme argumentado pelos autores do *Dossiê Intolerâncias* de 2016, as plataformas de redes sociais têm possibilitado a amplificação do discurso de ódio latente na sociedade brasileira. Em complemento a essa argumentação, os mesmos autores acrescentam que, quando as pessoas postam ou compartilham discursos de ódio nas redes sociais, elas estão simplesmente reforçando e reafirmando uma série de preconceitos arraigados em relação ao objeto de seu ataque. Essa reflexão é importante porque nos ajuda e compreender que as atitudes das pessoas no ambiente virtual não estão dissociadas do ambiente offline, de tal forma que seus valores, crenças e ideologias também são espelhados ou replicados nas redes sociais.

Além disso, como argumentado no livro *Race in Cyberspace* (Raça no espaço cibernético, em tradução livre) publicado em 2000,[69] os autores defendem que a questão racial é importante no ambiente virtual. Isso porque, segundo eles, todos nós que passamos tempo conectados à internet somos moldados pelas formas como a raça é importante fora dali e não há como deixar de carregar conosco nossos próprios conhecimentos, experiências e valores quando nos conectamos.

Inclusive, em convergência com essa linha de raciocínio, é pertinente mencionar a campanha de conscientização promovida pela ONG Criola do Rio de Janeiro em 2015 chamada *Racismo Virtual, Consequências Reais*,[70] bem como, em 2016, outra campanha chamada *Espelhos do Racismo*.[71] Ou seja, ambas as campanhas reafirmam e corroboram o que foi discutido no sentido de que discursos de ódio disseminados nas redes sociais reverberam, sim, na vida das pessoas fora daquele espaço virtual. Isso significa dizer também que ofensas verbais e discursos de ódio disseminados nas redes sociais não são descartados e esquecidos, como se diz de forma popular, como jornais do dia anterior, os quais acabam servindo apenas para embrulhar peixe na feira. Ao contrário, eles reverberam por muito mais tempo no ambiente virtual e, potencialmente, podem causar muita dor e sofrimento às suas vítimas.

A FALÁCIA DO ANONIMATO ONLINE

Na maioria das plataformas de redes sociais, para uma pessoa configurar uma conta é muito simples. Basta ter mais de 13 anos, fornecer algumas informações pessoais básicas (como nome, data de nascimento, gênero e um endereço válido de e-mail) e criar uma senha. No entanto, de acordo com diversos especialistas em tecnologia da informação, não existem barreiras técnicas que impeçam um usuário de configurar uma conta com um pseudônimo ou apelido em vez de seu nome verdadeiro a fim de permanecer anônimo em suas comunicações.[72]

Nesse sentido, o anonimato é entendido como a condição em que o remetente ou fonte de informação está ausente ou não é identificável. Mas é preciso lembrar que o anonimato no ambiente online não necessariamente implica algo negativo. Entre os benefícios do anonimato, estudos apontam os seguintes: a) pode auxiliar no desenvolvimento de projetos jornalísticos investigativos; b) permite que sejam feitas denúncias sem que a fonte seja exposta; c) pode dar suporte a operações policiais sigilosas; d) pode ajudar pessoas que precisam de aconselhamento especializado e de forma confidencial; e) pode evitar perseguições políticas.

Em contrapartida, há também o uso mal-intencionado do recurso do anonimato no mundo virtual, e os estudos apontam os seguintes: a) a possível prática de *spam*; b) transações intencionalmente enganosas e fraudulentas; c) envio de mensagens de ódio; d) calúnia e difamação; e) fraude financeira online; f) disseminação de notícias falsas (as chamadas *fake news*), entre outras atividades ilegais. Portanto, o que os estudos sinalizam é que o anonimato no ambiente online pode ter um propósito claro, bem definido e justificável, mas também pode abrir uma enorme avenida para uma miríade de objetivos bem questionáveis.[73]

Na verdade, a evolução tecnológica da internet baseada somente em conteúdo textual para um ambiente mais dinâmico, conforme antes explicado, permitiu também que o anonimato online fosse usado para mascarar atitudes que a pessoa não assumiria necessariamente em um contexto social convencional (ou seja, offline).

A esse respeito, existe um estudo muito interessante conduzido pelos sociólogos Matthew W. Hughey e Jesse Daniels publicado em 2013. Eles pesquisaram versões online de uma série de oito jornais norte-americanos do início dos anos 2000, que começaram a permitir que os(as) leitores(as) adicionassem comentários em algumas de suas notícias e artigos.[74] A estratégia por trás dessa mudança foi uma tentativa dos jornais de engajar o público com o conteúdo disponível e atrair potenciais novos(as) leitores(as) que, eventualmente, pudessem se tornar assinantes pagos.

No entanto, o que os editores dos jornais não previam, e também não estavam preparados para lidar, foi o aumento vertiginoso de comentários caluniosos e racistas, mesmo quando as notícias não tinham correlação alguma com questões raciais. Nesse estudo em particular, os autores afirmam que se interessaram apenas pela linguagem racista e, em consequência disso, não é possível entender se as notícias também desencadearam outros tipos de comentários como misógino, xenófobo e assim por diante.[75]

Contudo, o que se pode inferir desse estudo é que, dado o fato de os jornais online permitirem comentários anônimos, muitas pessoas se esconderam convenientemente por trás desse recurso para veicular seus comentários rudes, sem medo de quaisquer restrições, sem respeito a convenções sociais ou medo de serem bloqueadas pelos jornais. Ainda de acordo com os autores, esse cenário representou um desafio muito grande aos editores dos jornais e os deixou com apenas três possíveis cursos de ação: 1) apenas abandonar os comentários ou permiti-los somente em alguns poucos artigos; 2) não permitir mais comentários anônimos e exigir algum tipo de registro e confirmação de identidade; ou 3) adotar um moderador de conteúdo antes da publicação dos comentários.

Consequentemente, pode-se inferir que o anonimato online pode atuar como uma espécie de escudo, "protegendo" (ou impedindo), de forma conveniente, as pessoas de serem identificadas de imediato e permitindo que elas falem o que pensam sem qualquer tipo de restrição ou filtro. Ademais, é bastante preocupante que a possiblidade técnica de criar perfis anônimos nas redes sociais desenvolva também nas pessoas a crença falaciosa de que elas não são passíveis de serem identificadas e localizadas. E isso também faz com que se sintam "empoderadas", por assim dizer, a destilar ódios sem freios ou reservas contra qualquer pessoa ou grupo social.

Em entrevista ao portal de notícias *G1* em maio de 2015, o promotor público Thiago Pierobom afirma que as pessoas têm a falsa ilusão de que podem falar o que quiserem na internet porque não há consequências jurídicas. É uma suposição errada, porque é perfeitamente possível ir atrás delas.[76] Outro promotor público, Christiano Jorge Santos, em entrevista ao portal de notícias *G1* em junho de 2016, afirma que é importante que as pessoas saibam que a internet não é um mar de impunidade. Muitas vezes as pessoas ficam atrás da tela do computador, conectam-se com um pseudônimo e pensam que não podem ser alcançadas, e isso é um grande equívoco porque as autoridades podem alcançá-las, sim, se preciso for.[77] Por fim, o próprio Marco Civil da Internet é muito claro ao afirmar que comportamentos e atitudes manifestadas no ambiente virtual são passíveis de punição de acordo com o Código Civil Brasileiro.[78]

REDES SOCIAIS COMO CAIXAS DE RESSONÂNCIA DE ÓDIOS

Especialistas em tecnologia da informação explicam que o Facebook pode ser caracterizado de acordo com o que se chama de quatro modos de comunicação: 1) *broadcasting*, ou seja, a capacidade de postar mensagens e conteúdo; 2) redistribuição, que representa a atitude de compartilhar e disseminar conteúdos em uma rede de contatos; 3) interação, que significa comentar sobre uma determinada postagem e expressar opiniões; e 4) reconhecer, o que, no contexto do Facebook, é mais conhecido como "curtir" e indicado por um ícone azul com o polegar para cima, e que é também o logotipo oficial da empresa.[79] Em janeiro de 2016, a corporação expandiu a gama de possibilidades de interação com seu conteúdo adicionando cinco novos ícones chamados "Reação", permitindo que as pessoas expressem "amor", "tristeza", "espanto", "raiva" e "riso".[80]

No entanto, uma vez que eles são simplesmente variações da função "curtir", a incorporação desses ícones de reação não modifica os quatro modos de comunicação mencionados. Dadas essas quatro características, pode-se inferir que, quando se trata de conteúdo racista veiculado no Facebook, ele passa pelas seguintes etapas: a) postagem (ou seja, pessoa disposta a veicular ideias preconceituosas); b) redistribuição ou compartilhamento do conteúdo por outras pessoas com ponto de vista convergente; c) comentários à postagem; e d) "curtir", o que também pode ser interpretado como um sinal de aprovação ou endosso do conteúdo específico, e que também serve para sinalizar com bastante facilidade o nível de engajamento gerado pelo conteúdo.

Em resumo, essa dinâmica de criar (postar), divulgar (compartilhar), comentar e endossar ("curtir") conteúdos racistas faz com que o Facebook facilite a circulação irrestrita desses discursos e se torne também uma esfera que possibilita novas formas de expressão cultural e consumo de conteúdo. E por que é importante compreender esse mecanismo? Porque o Facebook criou essa tendência ou "padrão de mercado", de tal forma que todas as demais plataformas que o sucederam adotam exatamente o mesmo mecanismo ou lógica. No caso do Twitter, por exemplo, chama-se "retuitar" em vez de "compartilhar", porém, o objetivo da ação é exatamente o mesmo. Ou seja, endossar e disseminar determinado conteúdo. Mais importante ainda, o conjunto das funcionalidades dessas plataformas de redes sociais tem permitido às pessoas compartilhar crenças preconceituosas e racistas, e assim disseminar e reforçar seus discursos de forma, velocidade e alcance nunca vistos antes no Brasil e em vários outros contextos sociais.

Contudo, conforme mencionado anteriormente neste capítulo, não somente o Facebook, mas todas as demais plataformas de redes sociais (Twitter, Instagram, WhatsApp, etc.) são baseadas em poderosas conexões em rede. Essas redes são formadas por milhares e até bilhões de nós interligados, os quais são, na verdade, os usuários ativos. Sendo assim, é possível perceber que quanto mais usuários conectados a determinado provedor de conteúdo (os chamados seguidores), maior a capacidade de disseminação de conteúdo gerado por esse provedor em particular.

E essa capacidade de amplificação não é linear (ou seja, de aumento gradativo), mas exponencial e de crescimento bastante acelerado. Para dar ao(à) leitor(a) uma ideia de ordem de grandeza, uma rede formada por apenas cinco usuários pode estabelecer um total de dez conexões entre si. Se ampliarmos essa rede para dez usuários, eles serão capazes de estabelecer até 45 conexões entre si. Por fim, uma rede com 15 usuários é capaz de estabelecer 105 conexões.

Portanto, o que quero ressaltar e ilustrar para o(a) leitor(a) é a enorme capacidade de amplificação de discursos de ódio propiciada pelas redes sociais. Ou seja, elas podem ser utilizadas como poderosas caixas de ressonância, transmitindo de forma instantânea uma enormidade de ideologias preconceituosas e discriminatórias por tempo prolongado como um eco no espaço virtual. Isso porque conteúdos racistas e discriminatórios contra pessoas negras podem continuar a engajar usuários (novos e recorrentes) por até três anos após a postagem original,[81] adicionando comentários igualmente depreciativos. A consequência dessa prática consiste na potencial amplificação do dano moral e, por ventura, até mesmo de ordem psíquica sobre a vítima. Por fim, é importante ressaltar também que, com frequência, esses conteúdos de cunho racistas transitam em diferentes plataformas já que, em muitos casos, os usuários possuem contas em múltiplas redes sociais. Ademais, a corporação Facebook, que em 2021 passou a se chamar Meta, é proprietária também do Instagram e do WhatsApp, o que possibilita elevado grau de integração tecnológica entre as plataformas e, por consequência, a maior facilidade para que esse tipo de conteúdo circule entre todas elas.

DISCURSO DE ÓDIO OU LIBERDADE DE EXPRESSÃO?

É possível observar que a liberdade de expressão é por vezes utilizada como uma espécie de escudo protetor adotado por quem se engaja na prática de construção e disseminação de discursos de ódio nas redes sociais. Contudo, antes de abordar diretamente esse aspecto, vamos avaliar o tema de regulação da internet. Esse tema tem sido objeto de debates em âmbito internacional há bastante tempo e se observa que existem não apenas visões divergentes quanto ao nível de controle ou supervisão do conteúdo publicado e disseminado na internet, mas também diferentes abordagens adotadas pelos países.[82]

Diante desse cenário, a organização internacional *Internet Society* defende que "a internet consiste em uma plataforma aberta para inovação e compartilhamento de ideias", e que "não pode ser regulamentada de cima para baixo, mas sua governança deve ser baseada em processos que são inclusivos e orientados por consenso".[83] Analogamente a essa visão que defende ausência de regulamentação governamental apresentada pela *Internet Society*, John T. Delacourt é outra voz advogando o mesmo ponto de vista. No entanto, em seu estudo sobre o impacto de regulações sobre a internet, o autor reconhece que um eventual controle governamental seria "a alternativa ideal, porém, deixou de ser factível diante de diversas forças políticas alinhadas e contrárias a esta iniciativa" (DELACOURT, 1997, p. 234). Já no polo oposto desse debate, Thomas Hughes argumenta que "um marco regulatório claro é fundamental para a promoção e proteção dos direitos civis no ambiente virtual".[84]

No contexto brasileiro, também ocorreram diversos debates em torno desse tema desde 2007, desencadeados sobretudo por influente artigo publicado pelo jurista Ronaldo Lemos,[85] que acabou contribuindo para as discussões parlamentares dois anos depois rumo ao modelo de marco regulatório a ser adotado pelo país. Após três anos de consultas públicas e debates parlamentares, foi promulgada a Lei Federal Nº 12.965/2014 conhecida como Marco Civil da Internet.

No entanto, apesar desse importante marco regulatório, ainda é possível perceber a existência de um delicado equilíbrio antagônico: liberdade de expressão *versus* respeito às convenções sociais. Ou seja, o que se observa é que muitas vezes as pessoas que se envolvem na prática de construção e disseminação de discursos de ódio na internet de forma geral, e sobretudo nas redes sociais, alegam que têm o direito constitucional à liberdade de expressão, e que a iniciativa de questionar o que eles(as) dizem no ambiente virtual representa censura. No entanto, a falha embutida nesse argumento é que a liberdade de expressão não isenta as pessoas de responsabilidades civis e do cumprimento das normas e convenções sociais e, dessa forma, a supracitada Lei Federal Nº 12.965/2014 deixa bem claro que os agentes sociais devem ser responsabilizados por suas atividades online de acordo com o ordenamento jurídico em vigor no Brasil.

Sendo assim, embora a liberdade de expressão online e offline seja considerada por diversos autores como um componente fundamental das sociedades democráticas, também é relevante trazermos à tona o fato de que muitas vezes as pessoas que se envolvem em comportamentos abusivos online tentam se esconder por trás desse argumento como um conveniente pretexto.

Nesse contexto, de acordo com a socióloga Jesse Daniels, na Alemanha, por exemplo, "a liberdade de expressão é um princípio central de sua visão de democracia, e sua interpretação desse direito inclui proibições de certas formas de supremacia branca online".[86] A autora acrescenta ainda que esse debate é relevante e significativo em diversos contextos sociais, porque as palavras estão imbuídas de poder e têm a capacidade de engajar as pessoas em pensamentos, sentimentos, ideias e crenças agradáveis ou desagradáveis.

Convergente com a argumentação de Jesse Daniels, pode-se observar que o advogado Paulo Roberto Sousa Castro[87] também defende que, apesar da inquestionável importância da liberdade de expressão para o fortalecimento da democracia brasileira, ela não pode ser usada como uma desculpa conveniente para municiar as pessoas com um escudo que lhes permita disseminar ódio, racismo e preconceito impunemente, seja em ambiente online ou offline. Além disso, a advogada Patrícia Peck Pinheiro defende que, de fato, a divulgação de comentários ofensivos na internet atua contra uma sociedade democrática e mais justa.[88]

Portanto, de um lado, a liberdade de expressão representa uma importante ferramenta democrática que contribui para o empoderamento das pessoas. Em contrapartida, não se pode desconsiderar que, no que diz respeito a prática de construção e disseminação de discursos de ódio, a liberdade de expressão não isenta as pessoas de suas responsabilidades no cumprimento das normas, convenções sociais e do ordenamento jurídico vigente no Brasil.

A propósito, essa reflexão nos conduz a um outro importante debate correlato que tem ocorrido em âmbito internacional já há alguns anos. Observa-se que corporações como o Facebook enfrentam uma grave "crise de identidade" porque ainda permanece incerto se são uma empresa de tecnologia ou um conglomerado de mídia. Esse debate vem ocorrendo mais ou menos desde 2016, e tem se focado mais no Facebook por ser a maior empresa do segmento. Contudo, o mesmo raciocínio se aplica, naturalmente, a suas congêneres e o eventual estabelecimento de um marco regulatório baseado no Facebook decerto se estenderia às demais empresas.

Contudo, o(a) leitor(a) pode estar se perguntando: qual a importância desse debate? O que acontece é que, ao se posicionar simplesmente como empresa de tecnologia, Facebook, Twitter e afins não se consideram responsáveis (ou sequer corresponsáveis) pelo conteúdo publicado pelos usuários de suas plataformas. A alegação das empresas é de que elas disponibilizam uma ferramenta, e o que os usuários fazem com ela é de sua inteira responsabilidade (ou seja, dos indivíduos e não das corporações).[89]

Em contrapartida, se empresas como Facebook, Twitter e as demais forem classificadas como conglomerados de mídia, então elas passariam a ser responsáveis pelo conteúdo publicado em suas plataformas e deveriam seguir linhas editoriais claras e transparentes. No entanto, ainda não há consenso sobre esse tema e o debate continua aberto há alguns anos, conforme é possível constatar em diversos artigos publicados na imprensa internacional.[90] Porém, nesse ínterim, os discursos de ódio continuam proliferando livremente nas redes sociais.

EXAMINANDO AS REDES SOCIAIS

> "Olhe o preto!... Mamãe, um preto!... Cale a boca, menino, ele vai se aborrecer! Não ligue, monsieur, ele não sabe que o senhor é tão civilizado quanto nós..."
>
> (Frantz Fanon)[91]

O Facebook se tornou a principal plataforma de redes sociais em âmbito mundial, e essa posição, conforme explicado pelo sociólogo Trindade (2020), se consolidou de forma definitiva a partir de 2012, quando atingiu a impressionante marca de 1 bilhão de usuários ativos mensais. Hoje em dia, existe uma enormidade de plataformas de redes sociais, contudo é possível verificar que o Facebook continua disparado na liderança mundial, conforme ilustrado no Gráfico 1.

Gráfico 1: Principais plataformas de redes sociais no mundo e seus usuários ativos (em milhões)

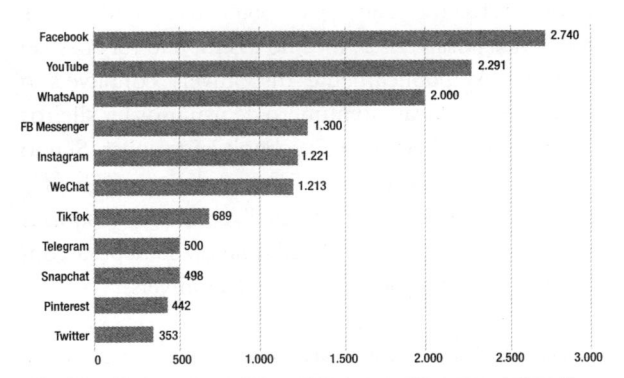

Plataforma	Usuários (milhões)
Facebook	2.740
YouTube	2.291
WhatsApp	2.000
FB Messenger	1.300
Instagram	1.221
WeChat	1.213
TikTok	689
Telegram	500
Snapchat	498
Pinterest	442
Twitter	353

Fonte: Elaborado pelo autor com base no relatório *Digital 2021*[92]

Considerando-se que as plataformas Facebook, WhatsApp, Facebook Messenger e Instagram pertencem todas à mesma corporação Meta, e observando-se os números sinalizados no Gráfico 1, não é difícil vislumbrar o gigantesco poderio e nível de influência ao alcance dessa corporação.

Além disso, outro aspecto também chamou atenção durante o desenvolvimento dessa análise. Enquanto os dados para a elaboração do Gráfico 1 foram obtidos com facilidade a partir de relatórios estatísticos publicamente disponíveis, o mesmo não se observou para a imediata identificação das redes sociais mais acessadas no Brasil, conforme apresentado na Tabela 1. Na verdade, foi preciso consultar diversas fontes[93] e cruzar os dados para obter os resultados mais fidedignos possíveis. E, mesmo assim, não foi possível obter dados publicamente disponíveis confiáveis o bastante em relação ao número de usuários brasileiros do Telegram, WeChat e Facebook Messenger. Sendo assim, esse fator por si só já contribui para ilustrar ao(à) leitor(a) o quanto é difícil conduzir pesquisas rigorosas e de ponta no Brasil quando se depara com carência de dados publicamente disponíveis.

Tabela 1: Redes sociais mais acessadas no Brasil em 2021

Rede Social	Usuários Ativos (milhões)	Participação Relativa
Facebook	130,0	4,7%
WhatsApp	120,0	6,0%
YouTube	105,0	4,6%
Instagram	95,0	7,8%
Pinterest	38,0	8,6%
TikTok	16,5	2,4%
Twitter	16,5	4,7%
Snapchat	11,0	2,2%

Fonte: Elaborado pelo autor com base em fontes diversificadas (vide Nota 93).

Conforme é possível constatar observando-se a Tabela 1, no Brasil, o Facebook também é a rede social com maior número de usuários ativos, cujo volume de 130 milhões de pessoas, corresponde a 4,7% do total obtido pela plataforma em âmbito mundial (ou seja, 2,74 bilhões). A princípio, essa participação relativa pode dar a impressão de ser baixa, mas ela não é, pois o Brasil representa o quarto maior mercado mundial da plataforma, atrás somente da Índia, dos EUA e da Indonésia.

Além disso, observa-se também a forte presença do YouTube com 105 milhões de usuários no Brasil (equivalente a 4,6% dos usuários dessa plataforma no mundo) e o Instagram com 95 milhões, sendo que o Brasil representa o terceiro maior mercado no mundo para ambas as plataformas. Uma das prováveis explicações para o sucesso obtido por YouTube e Instagram no Brasil pode ser de ordem econômica, pois uma busca na internet permite identificar literalmente milhares de artigos e tutoriais explicando como obter renda ativa e passiva por intermédio das duas plataformas.[94] Sendo assim, em tempos de crise econômica e escassez de empregos formais, é bastante normal que as pessoas busquem fontes alternativas de geração de renda com o uso de novas tecnologias digitais. Inclusive, esse fenômeno se encaixa no que recentemente os economistas passaram a chamar de uberização do mercado de trabalho.[95]

Com relação ao WhatsApp, a segunda rede social mais utilizada por brasileiros, com 120 milhões de usuários ativos mensais (equivalentes a 6% do total de 2 bilhões em âmbito mundial), é importante trazer à tona outro fenômeno social intrinsicamente ligado a ela. Consiste no seu intenso uso como canal de comunicação e propagação de discursos políticos, sobretudo durante as campanhas presidenciais de 2018, as quais ficaram muito marcadas pela disseminação em larga escala de notícias falsas (as chamadas *fake news*).

Evidências que corroboram essa reflexão consistem em três pilares principais: 1) providências tomadas pela própria empresa; 2) muitos artigos jornalísticos em âmbito brasileiro e internacional abordando o tema; e 3) diferentes estudos acadêmicos publicados. No que diz respeito a providências tomadas pela empresa, destacam-se a implantação das seguintes medidas a partir de 2019: a) incorporação de uma legenda sinalizando que a mensagem havia sido "encaminhada"; b) incorporação de outro alerta sinalizando que "a mensagem foi encaminhada muitas vezes"; c) limite fixo de cinco destinatários para o encaminhamento de mensagens; e d) número máximo de 256 integrantes por grupo.[96]

Embora tais medidas isoladamente não tenham dado conta de coibir por completo a disseminação de *fake news*, entendo que elas têm outro caráter simbólico relevante. Elas evidenciam o reconhecimento formal por parte da corporação de que sua plataforma de redes sociais pode ser utilizada para interferir de forma negativa em processos democráticos.

Com relação ao segundo pilar acima mencionado, é curioso observar também que fenômenos sociais como *fake news* e propagação de discursos de ódio crescem de forma muito silenciosa e sorrateira e, quando menos se espera, já assumiram proporções muito grandes. No caso específico das campanhas eleitorais de 2018 para a Presidência da República no Brasil, isso ficou bastante marcado. Revisitando matérias jornalísticas de 2018 e 2019 publicadas no Brasil[97] e no exterior,[98] fica claro primeiro que, apesar de denúncias de abusos no uso do WhatsApp, ao que tudo indica, a Justiça Eleitoral não tinha a completa dimensão e compreensão do problema que emergia no Brasil. Segundo, a própria sociedade ainda não estava preparada e devidamente equipada para lidar com tamanho volume, intensidade e sofisticação tecnológica disseminando desinformações. Sendo assim, com a carência de filtros eficientes e de maior entendimento do que estava acontecendo, milhares de pessoas acabaram sendo influenciadas pela maciça campanha de desinformação disseminada através do WhatsApp.[99]

Evoluindo a partir dessa reflexão, mas ainda intrinsicamente relacionado, o terceiro pilar diz respeito a diferentes estudos que revelam a estreita ligação entre o WhatsApp não somente com o terreno fértil para propagação de *fake news,*[100] mas também com discursos de ódio. Nesse sentido, destaco o estudo de 2019 conduzido por Diego Casaes e Yasodara Córdova,[101] publicado em forma de relatório de políticas públicas (mais conhecido pelo termo em inglês, *policy brief*), junto ao Toda Peace Institute no Japão.

Nesse trabalho, os autores argumentam que as plataformas de redes sociais como o Facebook, Twitter e WhatsApp têm sido amplamente utilizadas no Brasil como armas para destilar ódio e desinformação. Ademais, ainda de acordo com esses autores, os alvos prioritários dos ataques compreendem: a) ataques contra mulheres; b) discursos destilando homofobia e desinformação deliberada com objetivos de obter ganhos político-eleitorais; e c) ataques a membros de comunidades socialmente marginalizadas (ex.: imigrantes, indígenas, quilombolas etc.).

Em consonância com as argumentações desenvolvidas por Diego Casaes e Yasadora Córdova, a pesquisadora Ariadna Matamoros-Fernández tece duras críticas com relação ao WhatsApp em estudo publicado em 2019.[102] Segundo a autora, dada a característica técnica de transmissão de mensagens criptografadas ponta-a-ponta, o WhatsApp facilita e amplifica o que ela chama de "*backstage* do racismo" (ou os bastidores do racismo, em tradução livre). Ou seja, a autora utiliza a figura de linguagem do bastidor para explicar que o WhatsApp pode se constituir em um espaço virtual onde conteúdos de cunho racista, discriminatório, misógino, homofóbico etc. podem circular livremente. E não só isso: esse conteúdo circula distante ou fora do escrutínio público e é tolerado como forma de socialização entre defensores de supremacia branca heteronormativa.

De fato, como diz o sociólogo Raúl Pérez em estudo de 2017,[103] enquanto manifestações racistas têm diminuído em situações de interações públicas, elas permanecem inalteradas em contexto privado ou se tornaram codificadas e camufladas quando manifestadas em público. Essa reflexão, inclusive, nos permite fazer uma analogia muito pertinente. Quando o autor fala em codificadas e camufladas, é possível observar que o racismo à brasileira utiliza esses recursos com bastante frequência, pois o que são, por exemplo, memes e piadas de cunho racista? Em essência, esses recursos comunicativos atuam como linguagem codificada e disfarce bastante conveniente para expressar ideologias preconceituosas sem parecer flagrantemente racista, intolerante, misógino etc. Ou seja, ao tornar o racismo e a discriminação objetos risíveis, remove-se sua legitimidade como pauta de reinvindicações por maior equidade racial, de classe e de gênero.

Evoluindo a partir dessas reflexões com relação ao WhatsApp, é possível observar que além dessa plataforma, tanto o Facebook quanto o Twitter têm se notabilizado como canais ainda mais preponderantes que o WhatsApp para a disseminação de discursos de ódio. Na verdade, devido a criptografia das conversas, há carência de dados para estudos mais aprofundados sobre o WhatsApp, ao contrário das duas outras plataformas.

Tendo exposto esses aspectos e recorrendo novamente à Tabela 1, é possível constatar que o número de usuários ativos do Twitter no Brasil é da ordem de 16,5 milhões de pessoas, o que em números absolutos está bem distante de Facebook, WhatsApp, entre outros. No entanto, em termos relativos, a proporção de usuários brasileiros em relação ao total mundial (353 milhões de usuários) é exatamente a mesma do Facebook, ou seja, 4,7%. Ademais, essa proporção relativa é bastante significativa, pois posiciona o Brasil como o quinto maior mercado do mundo para a plataforma, atrás somente de EUA (19,63%), Japão (14,41%), Índia (4,95%) e Reino Unido (4,7%).

Sendo assim, apresento a seguir alguns dados divulgados em pesquisas recentes, tanto em âmbito internacional quanto brasileiro, os quais contribuem para que o(a) leitor(a) perceba com mais clareza os principais alvos de discursos de ódio frequentemente atacados no Twitter.

Primeiramente, chama atenção um estudo de 2019 conduzido na Itália pelo *Osservatorio Italiano sui Diritti* (mais conhecido na Itália pela sigla *Vox*), em parceria com três universidades: Milano Cattolica e Statele, La Sapienza di Roma e Università di Bari.[104] Esse grupo de pesquisadores mapeou e analisou 215.377 tuítes que transmitiam discursos de ódio. A partir dessa base de dados, os pesquisadores conseguiram identificar os principais alvos dos ataques, distribuídos da seguinte forma:

a. 74.451 dos tuítes (ou seja, 34,6% do total) tinham como alvo primordial imigrantes, sobretudo provenientes do norte da África, o que sinaliza que os discursos de caráter xenófobo trazem a intersecção de raça e lugar de origem;
b. 55.347 dos tuítes (25,7% do total) foram postados contra mulheres, o que demonstra o caráter misógino dos discursos de ódio;
c. 30.387 dos ataques (14,1%) foram direcionados contra muçulmanos (ou seja, expressões de intolerância religiosa);
d. 23.499 dos ataques (10,9%) tiveram como alvo pessoas portadoras de deficiências;
e. 19.952 tuítes (9,26%) foram feitos contra judeus;

f. 11.741 dos ataques (5,45%) foram proferidos contra homossexuais (ou seja, discriminação por conta de orientação sexual).

Esses dados foram coletados pelo grupo de pesquisadores ao longo dos meses de março a maio de 2019 e contribuem para ter-se uma ideia muito clara do quanto o Twitter é capaz de potencializar vozes que transmitem ódio, intolerância, racismo e discriminação.

Ainda em âmbito internacional, destaca-se também o discurso proferido em 2018 pelo prefeito de Londres, Sadiq Khan (que é muçulmano), exigindo que corporações como Twitter e Facebook façam mais para coibir a propagação de discursos de ódio em suas plataformas.[105] Durante seu discurso, Sadiq Khan leu alguns dos tuítes que ele costuma receber, entre os quais destaco os seguintes exemplos:

> "Digo, mate o prefeito de Londres e você se livrará de um terrorista muçulmano"
> "Eu pagaria para alguém executar o Sadiq Khan"
> "Deportem todos os muçulmanos e tornem Londres branca novamente, e assim todos os problemas da cidade acabarão"
> "Sadiq Khan é apenas um muçulmano terrorista gay"
> "Muçulmanos são desprovidos de dignidade. Gostaria

que o Sadiq Khan se explodisse, assim como todos eles o fazem, e assim ele conseguirá suas 12 virgens"

Em seu discurso poderoso e contundente, o prefeito afirma o seguinte:

> Um punhado de gigantescas corporações de tecnologia da informação conseguiram acumular um poder imensurável com base em informações dos hábitos de seus usuários. Plataformas como Facebook, Twitter e YouTube trouxeram grandes benefícios à sociedade. Elas facilitaram nossa comunicação com quem temos apreço, o encontro com pessoas com interesses comuns e o acesso a informações que desejamos. Contudo, há crescente preocupação no que diz respeito a de que forma essas mesmas corporações estão impactando [negativamente] nossas vidas e o bem-estar de nossa sociedade. Em diversos casos, essas novas plataformas têm sido usadas para exacerbar, alimentar e aprofundar divisões entre nossas comunidades.[106]

Já no que diz respeito ao contexto brasileiro, o quadro não é nem um pouco distinto desse apenas apresentado em âmbito internacional. Inclusive, isso fica muito claro nos diversos estudos mencionados na Introdução deste livro. Eles revelam que

Facebook, Twitter, Instagram etc. atuam como poderosas caixas de ressonância de uma enorme variedade de discursos de ódio.

Em complemento a essa afirmação, considero extremamente relevante trazer à tona dados publicados em 2021 resultantes de levantamento conduzido pelo grupo de pesquisa *Internet Lab* em parceria com a *Revista AzMina* referente a discursos de ódio disseminados no Twitter durante as eleições municipais de 2020.[107] O estudo monitorou as contas de 123 candidatas a prefeituras e câmaras de vereadores em âmbito nacional, e foi capaz de identificar 3,1 mil tuítes de cunho odioso contra elas.

O estudo foi capaz de constatar que os tuítes se caracterizaram por transmitir discursos ofensivos relacionados, sobretudo, à obesidade; críticos à filiação partidária de esquerda (taxadas de comunistas), com descrédito de sua capacidade intelectual; ataques à moral e à dignidade; de conotação racista; e acusações de consumo de drogas ilícitas, entre diversas outras.

Em complemento a esse estudo, a *Revista AzMina* revelou que, durante as eleições municipais de 2020 no estado da Bahia, as candidatas negras foram as mais visadas em ataques nas redes sociais, sobretudo no WhatsApp e Twitter.[108] Ademais, o Instituto Marielle Franco, baseado no Rio de Janeiro, revelou que as mulheres negras engajadas em política partidária estão entre as maiores vítimas de violência nas redes sociais brasileiras.[109]

O conjunto dessas evidências e constatações é muito importante no contexto de análise de discursos de ódio por dois motivos principais. Primeiro, porque nos dão uma dimensão bastante apurada e clara das características desse fenômeno social e de quais plataformas têm sido mais exploradas para a propagação de discursos de ódio, tanto em âmbito internacional quanto brasileiro. Segundo, porque, em diálogo direto com trabalhos anteriores e bem como o presente livro, revelam claramente o perfil preferencial dos ataques no Brasil: ou seja, majoritariamente, mulheres negras.

FATURANDO COM DISCURSOS DE ÓDIO

Agora, quero convidar o(a) leitor(a) a me acompanhar em outras reflexões igualmente importantes, mas em geral ausentes dos estudos do gênero. É provável que o(a) leitor(a) não tenha ciência desse fato, mas os usuários brasileiros de redes sociais passam em média 3h42min por dia conectados a elas, o que posiciona o Brasil no terceiro posto mundial nesse quesito. Ficamos atrás somente das Filipinas, com média de 4h15min, e da Colômbia, com 3h45min, e bem acima da média mundial de 2h25min. Esses dados foram revelados no relatório *Digital 2021: Global Overview Report*, o qual é publicamente disponível na internet e considerado um dos mais completos do gênero.

De acordo também com o relatório supracitado, o total de usuários de redes sociais no Brasil (incluindo todas as plataformas) corresponde a 140 milhões de pessoas. Ademais, em janeiro de 2021, o Brasil registrou o quinto maior crescimento no mundo em número absoluto de usuários (+7,1%) em comparação aos 12 meses anteriores, o que confirma o quanto essa tecnologia digital se tornou presente na vida dos brasileiros. Já no que diz respeito ao perfil demográfico desses usuários, observa-se que ele é formado majoritariamente por pessoas jovens compreendidas na faixa etária entre 18 e 44 anos, correspondente a um total de 97,58 milhões de pessoas, conforme é possível inferir a partir dos dados sinalizados na Tabela 02.

Tabela 02: Perfil demográfico dos usuários brasileiros de redes sociais

Gênero	Faixas Etárias						
	13 a 17	18 a 24	25 a 34	35 a 44	45 a 54	55 a 64	acima de 65
Feminino	3,0%	10,5%	14,5%	11,2%	7,2%	4,6%	2,6%
Masculino	2,6%	10,5%	13,8%	9,2%	5,4%	3,0%	1,7%
Número absoluto de pessoas (milhões)	7,84	29,4	39,62	28,56	17,64	10,64	6,02

Fonte: vide Nota 92.

Agora, analisando esse conjunto de dados com lentes ainda mais refinadas, eles nos sinalizam outros aspectos extremamente relevantes, mas não tão evidentes à primeira vista. Mas vejamos juntos. Se o perfil demográfico dos usuários brasileiros de redes sociais é formado de forma predominante por jovens e adultos que estão inseridos na mesma faixa etária da chamada População Economicamente Ativa (PEA)[110] e passam, em média, mais de 3 horas por dia conectados, o que isso representa? Um enorme mercado potencial para "consumir" os anúncios publicitários veiculados nas diferentes plataformas de redes sociais.

Sendo assim, levando-se em consideração que, conforme demonstrado com dados de diferentes pesquisas, existe uma enormidade de discursos de ódio sendo disseminados no Facebook e Twitter, é inevitável inferir que essas plataformas também auferem lucro com o discurso de ódio. Conforme exposto por Adilson Moreira em entrevista concedida à revista *Carta Capital* em 25 de agosto de 2020, esse panorama evidencia a exploração econômica do racismo, da misoginia e de todas as demais formas de intolerância.[111]

A lógica perversa por trás dessa dinâmica é que discursos de ódio suscitam polêmica e elevado volume de engajamento nas redes sociais com uma infinidade de comentários, compartilhamentos, retuítes, *likes*, etc., de tal forma que, muito rapidamente, o conteúdo pode, se tornar viral e *trending topic* no Twitter (ou seja, ele entra na lista dos assuntos mais comentados em determinado período). Como diz Moreira na mesma entrevista, quanto mais a polêmica vende, mais resultados positivos a empresa apresenta para seus anunciantes. Além disso, a pesquisadora Fernanda K. Martins do centro de pesquisas *Internet Lab*, baseado em São Paulo, afirma que o Twitter tem um forte poder de alavancar e multiplicar os assuntos comentados naquele ambiente, de tal forma que eles acabam sendo reproduzidos em outras plataformas e, em última instância, influenciam o desencadeamento de conflitos.[112]

Diante desse cenário em que as plataformas de redes sociais auferem lucro com discursos de ódio, não por acaso emergiu nos EUA, em junho de 2020, um movimento civil chamado *Stop Hate for Profit* (Pare de lucrar com o ódio, em tradução livre).[113] Esse movimento é capitaneado por um conjunto de organizações civis[114] e exige que as corporações por trás das plataformas de redes sociais apresentem à sociedade práticas e modelos de governança corporativa mais transparentes que não só coíbam, mas que efetivamente extirpem a disseminação de discursos de ódio. Adilson Moreira, mais uma vez na supracitada entrevista concedida à *Carta Capital*, inclusive explica o seguinte com relação a governança (utilizando termo correlato em inglês, *compliance*):

O termo *compliance* designa um elemento central da gestão empresarial no mundo contemporâneo. Seu significado está relacionado com o dever das empresas de pautar suas decisões de acordo com as normas legais que regulam os diversos âmbitos da atividade das empresas. A ideia de *compliance* surge, em grande parte, a partir do interesse da sociedade civil e das autoridades estatais em acompanhar as formas como processos decisórios podem ter consequências negativas para os segmentos afetados pela gestão empresarial.

Dito isso, o argumento defendido pelo movimento civil *Stop Hate for Profit* é que essas empresas (sobretudo o Facebook, por ser a maior de todas, mas não somente ele) parem de lucrar com receitas de anúncios publicitários que, por intermédio de seus poderosos algoritmos, os associam a conteúdos que disseminam ódio, extremismos nacionalistas, desinformação, misoginia, *fake news* e toda sorte de intolerância.

Além disso, o movimento civil tem procurado pressionar também as empresas anunciantes (na maioria dos casos, compostas por grandes multinacionais de diversos segmentos) para que interrompam suas campanhas publicitárias na plataforma. A lógica por trás dessa iniciativa é que, quando as corporações constatarem queda de faturamento causado pelo boicote de anunciantes, é provável que se movam de forma muito mais célere para remover conteúdos odiosos do que apenas com a pressão da sociedade civil e das autoridades governamentais.

Em última instância, o que estamos presenciando é que, além de motivações ideológicas caracterizadas sobretudo por crenças na supremacia branca, existe uma exploração econômica do ódio por parte das corporações por trás das plataformas de redes sociais. De fato, com base nos dados revelados nos diversos estudos aqui discutidos, é inevitável inferir que essas corporações se beneficiam economicamente de todo o elevado nível de engajamento suscitado por controversos discursos de ódio disseminados em suas plataformas. Ou seja, as milhares de visualizações, comentários, retuítes, compartilhamentos etc. movimentam as engrenagens dos poderosos algoritmos por trás dos anúncios publicitários, e esses geram receitas milionárias para as corporações. Sendo assim, movimentos civis como o *Stop Hate for Profit*, entre outras diversas iniciativas coletivas e individuais, demandam o fim desse ciclo pernicioso, pois não basta combater e desconstruir as motivações ideológicas que alimentam o ódio, mas é imperativo também que empresas cessem de lucrar com a intolerância. Por fim, é importante que se diga que não se trata de ser contra o empreendedorismo e a iniciativa privada, mas sim contrário ao desenvolvimento econômico sem limites às custas do mal-estar coletivo da sociedade.

DESVENDANDO O SIGNIFICADO
DE DISCURSOS RACISTAS

> *"Desde o início por ouro e prata*
> *Olha quem morre, então veja você quem mata*
> *Recebe o mérito, a farda que pratica o mal*
> *Me ver pobre, preso ou morto já é cultural"*
> (Edy Rock e Mano Brown)[115]

Neste capítulo, desenvolvo o argumento de que, no contexto das redes sociais, a disseminação de discursos racistas visa desqualificar os avanços sociais simbólicos das mulheres negras e reposicioná-las de volta ao seu lugar "original" de inferioridade. Ao longo do tempo, o racismo à brasileira, edificado sobre os pilares da "democracia racial" e da ideologia do branqueamento, tornou-se profundamente internalizado no imaginário coletivo (incluindo em não brancos). Isso faz com que discursos que manifestam ideologias racistas e preconceituosas, sobretudo quando camuflados em piadas depreciativas, se tornaram naturalizados. Argumento semelhante é defendido pelo sociólogo Dagoberto José Fonseca em seu livro *Você conhece aquela? A piada, o riso e o racismo à brasileira*[116] e por Adilson Moreira em seu livro *Racismo recreativo*.[117]

Nesse contexto, me recordo de um episódio muito pitoresco relatado por um entrevistado em 2016. Na ocasião, ele trabalhava na área administrativa de uma corporação privada em São Paulo que, toda semana, promovia sessões de ginástica laboral com seus colaboradores como parte de sua política de recursos humanos. Os facilitadores das sessões de ginástica eram dois jovens formados em educação física, sendo um branco e outro negro. Em uma dessas sessões, o jovem negro percebeu que, enquanto todo mundo se exercitava, seu colega branco havia pegado para si uma caneta bonita que havia visto sobre uma das mesas do escritório. Naquele momento, o jovem negro disse para ele "O negro aqui sou eu e você é que está pegando coisas que não te pertencem?".

Essa situação real relatada por meu entrevistado contribui para ilustrar em que medida o racismo à brasileira está impregnado e naturalizado na mente e nos discursos das pessoas, inclusive daquelas que, a princípio, são as próprias vítimas do preconceito. Essa dinâmica, combinada com a hierarquia racial, estabelece limites de pertencimento e legitimação da identidade nacional e, por consequência, a legitimação ou não de espaços e papéis sociais atribuídos a diferentes grupos raciais.

Tendo exposto esses pontos introdutórios, observa-se também que as redes sociais de forma geral, e o Facebook em particular, representam uma espécie de *pelourinho moderno* que permite a defensores da supremacia branca se engajarem em *chicotadas virtuais*, as quais são representadas pelos discursos racistas tanto camuflados em piadas depreciativas quanto proferidos de forma direta e explícita, sem filtros. Como diz a antropóloga France Winddance Twine em seus estudos sobre a ideologia do branqueamento e "democracia racial" no Brasil, contar piadas é uma forma socialmente aceitável de articular crenças de maneira pública e reproduzir a supremacia branca e a inferioridade negra.

Argumento que o resultado desejado pelos defensores dessa prática consiste em legitimar as fronteiras da hierarquia racial, enquanto minam as conquistas coletivas sobretudo das mulheres negras. Para atingir esse objetivo, os discursos depreciativos predominantes no Facebook não só desafiam os avanços sociais obtidos pelas mulheres negras, mas também visam reforçar a tão almejada brasilidade caucasiana gestada no final do século 19. Um dos resultados perniciosos dessa prática consiste na deslegitimação em torno de demandas por maior igualdade racial e no reforço do falacioso discurso de inexistência de racismo no Brasil.

Por fim, essa argumentação foi desenvolvida com base na análise qualitativa de um conjunto de 109 páginas públicas do Facebook, sendo todas de caráter depreciativo contra negros. Além disso, foram analisados também 224 artigos jornalísticos publicados de 2012 a 2016 abordando dezenas de casos reais de racismo nas redes sociais no Brasil. Esse processo analítico permitiu a identificação de três narrativas preponderantes nessa rede social: 1) ridicularização da "invasora" do espaço branco; 2) mulheres negras como "delinquentes" em espaços brancos; e 3) desqualificação da escolaridade de mulheres negras.

Contudo, antes de prosseguir com a análise crítica dos discursos de ódio de cunho racistas, desvendando seus significados embutidos, é pertinente apresentar um esclarecimento importante. Embora os casos aqui analisados tenham sido extraídos do Facebook por questões de ordem metodológica, eles não se manifestam unicamente nessa plataforma e o capítulo anterior já evidencia esse aspecto com bastante clareza. Esse tipo de conteúdo pode ser encontrado também, por exemplo, no Twitter, WhatsApp e Instagram. Inclusive, ao longo das análises a seguir, trago também dois exemplos ilustrativos obtidos no Twitter que contribuem para ressaltar ainda mais a convergência de significados dos discursos, mesmo tendo sido disseminados em plataformas distintas.

RIDICULARIZAÇÃO DA "INVASORA" DO ESPAÇO BRANCO

O desenvolvimento da ideologia do branqueamento no Brasil estabeleceu a distinção entre espaços sociais associados a privilégio, progresso e modernidade, em contraste com espaços de atraso e inferioridade. O primeiro espaço é considerado "legitimamente" branco, enquanto o último é "destinado" a negros. Esse tipo de percepção está arraigado no imaginário coletivo e naturalizado em humor depreciativo e insultos raciais, de tal forma que, quando as mulheres negras ascendem nos espaços sociais associados à branquitude, sua conquista é ridicularizada e desqualificada, como mostram os exemplos a seguir:

Post 1: O lugar da mulher negra é nos campos colhendo algodão, e não viajando pela Europa.

Post 2: Ela é bonita, mas, infelizmente, os negros não estão mais à venda.

Post 3: Você tem permissão oficial do Ibama para andar por aí com uma macaca?

Post 4: Quanto custa para um preto viajar de navio?

Post 5: Já é hora de acabarmos com essa questão do racismo. É hora de ambos vivermos em paz (humanos e negros).

Essa amostra de cinco postagens foi coletada de uma página pública do Facebook pertencente a uma mulher negra (atriz, 31 anos, 2015). Ela havia publicado uma série de fotos suas junto com seu namorado branco enquanto desfrutava de férias viajando por países europeus. A análise das postagens revela um discurso que veicula a ideia de que a mulher negra "invadiu" indevidamente um espaço branco, o que, por consequência, representa uma incongruência que precisa ser ridicularizada.

Em primeiro lugar, a colheita do algodão nos campos, como verbalizado no Post 1, representa a ideia de envolvimento em qualquer ocupação subserviente e pouco qualificada, convergente com uma ideologia colonial. Conforme explicado pela historiadora Susan K. Besse, naquele contexto os negros eram considerados meros "escravos de foice e enxada", o que implica dizer que eles eram úteis apenas para trabalhos manuais não qualificados nas plantações de cana-de-açúcar, café, algodão etc. Além disso, o Post 2 destaca um elemento ideológico semelhante, pois o usuário afirma que "os negros não estão mais à venda"; mais uma vez referindo-se à sociedade colonial que escravizou os africanos e os vendia como mercadorias.

Em complemento a essa análise, é possível compreender que o ato de "vender" pessoas negras mencionado no Post 2 representa uma forma de reduzir o valor da mulher negra em questão e uma tentativa de ressaltar sua inferioridade. O ato de objetificar pessoas pode ser considerado uma forma indireta de remover sua humanidade e, consequentemente, destituí-las de poder e capacidade de agência social. Ademais, os Posts 3, 4 e 5 também operam na mesma lógica de remoção da humanidade do sujeito de várias maneiras.

Primeiro, o Post 3 reduz a mulher negra a uma condição animalesca. Em segundo lugar, sua capacidade de agência social é corroída por comentários que de forma simultânea evocam a imagem dos navios negreiros e supõem que, muito provavelmente, ela não poderia arcar com os custos de uma passagem de avião do Brasil para a Europa (Post 4). Ou seja, é uma forma sutil também de questionar o poder aquisitivo da mulher negra em questão e de duvidar de seu pertencimento à classe média. Em complemento a essa análise, no tocante ao Post 5, cabe destacar que a sutil separação ou distinção feita pelo usuário entre negros e humanos converge com a ideia da branquitude como representação universal da humanidade. Como diz Adilson Moreira, ser classificado como branco significa que o indivíduo não é racializado, porque somente as minorias são classificadas em grupos raciais, enquanto pessoas brancas são apenas seres humanos.[118]

Além disso, voltando ao Post 1, a "Europa" verbalizada pelo usuário incorpora a ideia de modernidade e civilização, como amplamente defendida desde o final do século 19, enquanto a negritude era (e continua a ser) associada a uma enormidade de atributos antagônicos aos defendidos pelos supremacistas brancos. O Post 1 transmite a crença de que a Europa não é o lugar certo ou "legítimo" para as mulheres negras brasileiras. Isso porque, na mente dos supremacistas, aquele espaço social e geográfico está fortemente associado ao símbolo máximo da modernidade caucasiana, na qual o Brasil sempre se espelhou para arquitetar sua modernidade e identidade nacional.

MULHERES NEGRAS COMO "DELINQUENTES" EM ESPAÇOS BRANCOS

Segundo um interessante estudo realizado pelo sociólogo Antonio Sérgio Guimarães em que são abordadas categorias de injúrias raciais no Brasil, o autor identificou que ofensas explorando defeitos morais (ex.: roubo e delinquência) estão entre as mais comuns.[119] Provavelmente, não por acaso, também circulam no Brasil várias piadas associando negritude e criminalidade, como nos exemplos a seguir.

Por que os negros não pagam a passagem do ônibus? Porque no camburão não tem cobrador.
Por que não há comida preta? Porque roubaria seus nutrientes.
O que mais brilha em um preto? As algemas, quando ele não está segurando uma faca para roubar o banco.

Na verdade, esse estereótipo da delinquência compreende outro elemento do legado colonial na formação da percepção da sociedade contemporânea em relação aos negros brasileiros. De acordo com o historiador Stuart B. Schwartz, na sociedade colonial, os africanos eram considerados estranhos, pagãos, indignos de confiança ou perigosos. Além disso, em seu livro de 2011, *The Rhetoric of Racist Humour* (A retórica do humor racista, em tradução livre), o sociólogo Simon Weaver argumenta que esse tipo de piada depreciativa (ou seja, de cunho racista) estabelece a inferiorização de sujeitos dentro de um dispositivo retórico cômico que, em certas leituras, se torna mais do que apenas uma piada que pode apoiar o racismo ao fazer o estereótipo parecer verdadeiro e menos ou não ambivalente.[120] Nesse contexto, a mobilidade social ascendente bem-sucedida das mulheres negras pode ser desqualificada nas redes sociais por meio de discursos que reforçam o estereótipo do defeito moral, conforme mostrado nos exemplos subsequentes. Eles foram extraídos de uma página pública do Facebook pertencente a uma mulher negra (gerente de negócios, 28 anos, 2016). Ela postou várias fotos enquanto esquiava no exterior durante as férias, e logo depois várias postagens racistas apareceram em sua página.

> Post 1: Você também vai roubar a neve?
> Post 2: Você roubou até a neve branca, sua macaca.
> Post 3: Espere até que a neve derreta e use a água para lavar a louça.
> Post 4: Em um determinado momento tinha um cara branco e um preto, aí então... Caralho! Cadê a porra da minha carteira?

Para a maioria dos brasileiros, paisagens com neve densa, espessa e abundante estão associadas predominantemente a países do Hemisfério Norte. Com o tempo, essa associação foi sendo disseminada entre nós por imagens e discursos promovidos em telejornais, filmes e outros produtos culturais que mostram pessoas elegantemente vestidas para o severo clima frio, e desfrutando de esportes de inverno que estão associados a requinte e elevado poder aquisitivo (ex.: esqui). Sendo assim, tanto o Post 1 quanto o Post 2 acima estabelecem a associação entre negritude e delinquência ao sugerirem que, como a neve espessa e abundante não é algo muito comum no Brasil, uma mulher negra naquele ambiente provavelmente a roubaria.

Se considerarmos que roubar quase pode ser definido como apropriação forçada ou habilidosa de algo que originalmente não pertencia à pessoa, "roubar a neve" representa, de modo simbólico, atingir ou adentrar um espaço social que não pertence ao sujeito. Por consequência, a sua presença naquele espaço social é deslegitimada. Além disso, embora seja do senso comum que a neve é naturalmente branca, o pleonasmo observado no Post 2 (neve branca) contribui para amplificar a ideologia do branqueamento e reforçar a crença de que tais lugares (destinos internacionais nevados) estão "reservados", por assim dizer, apenas a pessoas brancas. Diante disso, uma mulher negra constitui um elemento destoante e "ilegítimo" naquele espaço social.

Já no Post 3, mais uma vez é possível observar a desqualificação do espaço social "legítimo" das mulheres negras na sociedade brasileira, embora adotando uma figura de linguagem diferente. O usuário parte do pressuposto de que a mulher negra deve desempenhar algum tipo de ocupação subserviente e não qualificada, como faxineira, em vez de viajar por destinos internacionais "brancos" e/ou nevados. Em suma, é possível verificar que, em conjunto, essas três postagens congregam percepções bem definidas das fronteiras de pertencimento e expectativas referentes a mulheres negras em relação a ocupações (não qualificadas e subservientes), traços morais (delinquente) e aparência (macaca ou animalesca).

A propósito, abrindo um pequeno parêntese nessa análise crítica, é pertinente ressaltar a semelhança ideológica embutida no Post 3 e um controverso post publicado pelo humorista Danilo Gentili também em 2016. Na época, a senadora Regina Sousa, representante do estado do Piauí, usou a tribuna do parlamento para expressar sua discordância do processo de *impeachment* contra a então presidenta Dilma Rousseff. Contudo, a senadora foi duramente hostilizada nas redes sociais por diversos usuários. Ao se engajar nessa corrente de comentários depreciativos, Danilo Gentili postou no Twitter: "Senadora? Achei que fosse a tia do café".[121]

Ou seja, analogamente à análise crítica que estamos desenvolvendo, fica evidente a transmissão de um pensamento arraigado no imaginário coletivo que desqualifica a posição e os papéis sociais de mulheres negras (sobretudo quando elas adquirem projeção, status elevado e visibilidade qualificada). Como diz a pesquisadora Rayane Cristina Andrade Gomes, a fala do humorista revela, em primeiro lugar, o espanto provocado por uma mulher, negra e nordestina, que utiliza o espaço da tribuna como parlamentar. Destoa do quadro senatorial a imagem de uma mulher negra em um espaço historicamente dominado por homens brancos de classe média alta.

Tendo exposto esses pontos e retomando nossa análise original, quanto ao Post 4, em essência, o usuário se engajou com a ridicularização depreciativa transmitida nas postagens precedentes, e acrescentou seu endosso ao compartilhar uma piada adicional com o intuito de reforçar e validar o discurso racista que descreve negros como contumazes delinquentes.

Ademais, reforçando o que expliquei na abertura deste capítulo sobre os discursos de ódio de cunho racista que se manifestam não somente no Facebook, mas também em outras plataformas, vejam os exemplos a seguir extraídos do Twitter.

> Tuíte 1: Eu queria ter gravado um vídeo sobre o Dia da Consciência Negra, só que aí eu deixei quieto porque na cela não tem *wi-fi*. (24/11/2013)

Em outro tuíte mais recente, publicado em 3 de junho de 2020, uma usuária teceu um comentário muito tendencioso associando de forma direta negritude com predisposição a delinquência e criminalidade.

> Tuíte 2: 12% negros
> 62% dos roubos
> 56% dos assassinatos
> Façam as suas contas

Primeiramente, observem que o intervalo de tempo entre os dois tuítes é de mais de sete anos, fato este que contribui para evidenciar nossa crítica no tocante à naturalização e longevidade de discursos de ódio de cunho racista. E aqui reforço a afirmação expressa antes no terceiro capítulo de que discursos de ódio podem continuar a engajar usuários novos e recorrentes por até três anos após sua publicação original (vide Nota 81). Além disso, fica evidente também a contemporaneidade dessas manifestações preconceituosas, já que um dos tuítes é de 2020. Por fim, ambos têm caráter muito depreciativo, são escritos em tom jocoso (sobretudo o primeiro) e transmitem exatamente o mesmo conjunto de ideologias preconceituosas e percepções negativas associadas à negritude brasileira que acabamos de discutir com base na análise dos posts no Facebook.

DESQUALIFICAÇÃO DA ESCOLARIDADE DE MULHERES NEGRAS

Historicamente, carreiras como direito, medicina e engenharia têm sido consideradas ocupações "nobres" e prestigiosas na sociedade brasileira e foram bastante associadas a homens brancos de classe média e alta. Essa associação foi estabelecida no período colonial, quando não existiam universidades no Brasil e apenas os filhos dos colonos tinham acesso a tal educação em Portugal, enquanto as mulheres brancas eram preparadas para se tornarem donas de casa.[122] Assim sendo, essa percepção coletiva de acesso à educação terciária como um privilégio para poucos e de que carreiras de prestígio são naturalmente exercidas por homens brancos perdura até os dias atuais. Um exemplo emblemático em suporte a essa argumentação consiste na declaração do ex-Ministro da Educação Ricardo Vélez Rodrígues. Em entrevista ao jornal *Valor Econômico*, em janeiro de 2019, ele afirmou que "a ideia de universidade para todos não existe, e as universidades devem ficar reservadas a uma elite intelectual".[123]

Além disso, o sociólogo Dagoberto José Fonseca explica que a constituição colonial brasileira estabelecia que o ensino fundamental fosse obrigatório para todos os brasileiros, exceto pessoas com qualquer doença contagiosa, os não vacinados e os escravos. Com isso, o governo não apenas comparou a escravidão a uma doença contagiosa, mas também negou aos negros a possibilidade de alcançarem melhores condições de ingresso e participação na sociedade de classes emergentes nos primeiros anos da República.

Nesse contexto, hoje, não é difícil encontrar piadas que ridicularizam a relativa falta de educação formal dos negros, como a que diz: *"Quando um negro vai à escola? Quando ela está em construção"*. Essa piada não apenas põe em xeque a plausibilidade dos negros receberem educação formal, mas também transmite a crença de que eles têm a tendência de se engajarem apenas em ocupações que demandam pouca ou nenhuma qualificação e mal remuneradas como é sugerido pela piada, a de pedreiro.

As postagens abaixo foram extraídas de uma página pública do Facebook pertencente a uma mulher negra (médica, 33 anos, 2016). Ela postou um comentário em sua página em solidariedade a um paciente idoso e analfabeto que havia sido alvo de gozação de um médico branco no Facebook simplesmente porque esse paciente em particular não era capaz de escrever "pneumonia" de forma correta. Porém, ao expressar seu desacordo com o comportamento desse médico branco, ela foi bombardeada por dezenas de comentários racistas.

Post 1: É incrível esse seu penteado ecológico. Deve ter até um mico leão dourado escondido aí.

Post 2: Que porra é essa? Você é mesmo uma médica? Aposto que você é especializada somente na remoção de piolhos da cabeça de sem-teto.

Post 3: Qual é o nome dessa bastarda? Ela sabe mesmo como usar um estetoscópio?

Post 4: Uau, eu não tinha a menor ideia de que preto poderia se tornar médico. Quem se arriscaria numa consulta?

Post 5: Uma preta. Peraí que vou buscar meu chicote.
Post 6: Manda um salve para os seus companheiros de cela.

Pode-se observar que as postagens questionam com clareza o engajamento da mulher negra na carreira médica (Post 2, Post 3 e Post 4) e, além disso, lançam dúvidas sobre sua real competência profissional (Post 3 e Post 4). Eles são alimentados pela crença arraigada de que uma carreira tão "nobre" e prestigiosa como a medicina deveria estar fora do alcance para os negros em geral, e para as mulheres negras em particular. Na verdade, conforme constatou a pesquisadora Jusciney Carvalho Santana em sua tese de doutorado intitulada *Tem Preto de Jaleco Branco*, a presença de negros(as) em faculdades de medicina é um tanto reduzida no Brasil e, de forma invariável, eles(as) são percebidos(as) como corpos estranhos nesse espaço masculino predominantemente branco.[124]

Contudo, um estudo conduzido por Amélia Artes e Arlene Martinez Ricoldi revela a tendência de aumento do número de mulheres negras no ensino superior nas últimas décadas.[125] Sendo assim, esse cenário parece desestabilizar a crença arraigada de que as mulheres negras estão "destinadas" a se engajarem apenas no trabalho doméstico. Porém, em vez de se limitarem a desempenhar unicamente papéis sociais subservientes, muitas mulheres negras estão se tornando médicas, dentistas, gerentes de negócios, jornalistas etc., e tudo sugere que esse fato cria um grande incômodo em supremacistas brancos porque conflita com sua percepção em relação ao limitado espaço social atribuído à mulher negra.

Quanto ao Post 1, a ridicularização depreciativa e desrespeitosa em torno do cabelo afro representa, na verdade, mais uma faceta visível das arraigadas percepções negativas em torno da beleza negra. Conforme explicado por Kia Lilly Caldwell, o cabelo e o estilo de penteado de uma mulher representam um importante elemento de afirmação e valorização de sua feminilidade, beleza e autoestima, e pode ser também um claro marcador racial. Por consequência, a ridicularização depreciativa expressa no Post 1 se intercala com as dimensões de gênero e raça, o que significa que o discurso jocoso não apenas corrói o valor estético negro, mas também, de modo indireto, posiciona as mulheres negras em uma condição de inferioridade em relação às mulheres brancas. Além disso, ao ridicularizar o cabelo afro, o usuário também reforça indiretamente a legitimidade de um padrão de beleza branqueado e desqualifica o que é considerado anômalo a esse padrão. Por fim, as mesmas percepções negativas já discutidas sobre a condição de subserviência e objetificação dos negros ficam perceptíveis no Post 5, bem como a ideia de ausência de traços morais conforme expresso no Post 6.

Portanto, em conclusão, conforme devidamente explicado na abertura deste capítulo, por questões de ordem metodológica, os posts analisados foram obtidos em contas públicas do Facebook. Contudo, os exemplos ilustrativos complementares extraídos do Twitter contribuíram para confirmar que os discursos de ódio de cunho racista não se restringem a plataformas "A", "B" ou "C". Isso se deve ao fato de que as motivações ideológicas que desencadeiam esse comportamento abusivo e violento são as mesmas. Ou seja, a crença na supremacia branca, racismo profundamente enraizado e naturalizado, sexismo e misoginia.

Esse cenário explica também meu interesse como cientista social em desvendar o significado embutido em tais discursos. Existem inúmeros trabalhos com abordagem quantitativa que são indubitavelmente muito bons e bastante relevantes para nos revelar tendências e correlações no tocante a discursos de ódio nas redes sociais. No entanto, somente análises com abordagem qualitativa, como apresentado neste livro (em particular no presente capítulo), nos permitem compreender com muito mais clareza aquilo que não é tão saliente e óbvio à primeira vista. Por isso também desenvolvi a revisão histórica apresentada nos Capítulos 1 e 2, porque ela nos municia com o lastro teórico necessário para aguçar nossa percepção e entendimento acerca do fenômeno de discurso de ódio de cunho racista (seja ele expresso de forma explícita, seja camuflado em piadas depreciativas).

Por fim, outro aspecto também importante que não me furto em reforçar é que, de forma invariável, discursos de ódio circulam em diversas plataformas. Ou seja, eles podem muito bem se originar na plataforma "A" e em poucos instantes ser replicados na plataforma "B", "C" e assim sucessivamente. Enfim, não se pode perder de vista essa importante perspectiva porque, em última instância, isso significa a amplificação do impacto negativo da disseminação de discursos de ódio na vida das vítimas.

CONSIDERAÇÕES FINAIS

> *"Quando eles falam é científico, mas quando nós falamos não. Eles têm fatos, nós opiniões. Eles têm conhecimento, nós, experiências."* (Grada Kilomba)[126]

Como ficou claro ao longo deste livro, a elite brasileira tem uma longeva recusa em reconhecer a existência do racismo como um problema social que precisa ser combatido. E, ao longo do tempo, essa negação fomentou o desenvolvimento de uma falaciosa imagem do Brasil como uma sociedade pós-racial (ou o paraíso tropical da "democracia racial"). De fato, como vimos, passados apenas dois anos da abolição da escravidão, a letra do Hino da Proclamação da República já duvidava até mesmo que tivesse havido mais de 350 anos de um cruel regime escravocrata no Brasil.

Em convergência com esse cenário, o contexto social atual pode ser caracterizado como dominado pelo reforço dessa negação institucional manifestada não apenas em piadas depreciativas nas redes sociais, mas também nos discursos políticos. Nesse sentido, tanto o atual presidente do Brasil, Jair Bolsonaro, quanto seu vice, Hamilton Mourão, afirmam que o racismo é um fenômeno raro no país, e que não representa uma questão social relevante. Não satisfeitos com essa negação, eles também dizem que a temática é importada de outros países e alheia à nossa realidade. Contudo, ambos passaram pelo constrangimento de serem não só desmentidos publicamente, como também questionados e chamados a atenção pelo Alto Comissariado pelos Direitos Humanos das Nações Unidas.[127]

Mas, na verdade, essa postura negacionista nem é tão nova assim, pois converge com argumentos defendidos pela elite brasileira desde o início do século 20, quando afirmavam que os persistentes problemas sociais do país eram devidos apenas às desigualdades de classe e não raciais. Esse cenário converge também com o que o sociólogo Eduardo Bonilla-Silva, em seu livro de 2006 *Racism without Racists* (Racismo sem racistas, em tradução livre), chama de "novo racismo", o qual reproduz as desigualdades raciais por meio de formas sutis, institucionais e aparentemente não raciais. Nesse contexto, é emblemático o episódio envolvendo o então candidato à presidência da república Fernando

Henrique Cardoso ao dizer, em 1994, "em tom de brincadeira" que ele "possuía um pé na cozinha".[128]

Dito como se fosse algum tipo de elogio distorcido ou uma forma jocosa de sugerir possíveis traços de ascendência africana, essa frase, além de misógina, contribui para reforçar lugares sociais diferenciados entre brancos e não brancos. Isso porque ela é construída sobre uma perspectiva colonial em que as mulheres negras exercem afazeres domésticos na cozinha da Casa Grande. Ademais, representa uma forma totalmente inapropriada de tentar transmitir empatia com a comunidade negra e mestiça e dizer, de forma indireta, que "sou como vocês". No entanto, a pseudoempatia é parcial porque o indivíduo tem apenas o pé na cozinha e não o corpo inteiro, pois, naturalmente, ele não pode abrir mão de seus privilégios de branquitude.

Sendo assim, o presente livro revela que os discursos racistas disseminados nas redes sociais brasileiras (sejam elas Twitter, Facebook, Instagram, WhatsApp, etc.) representam articulações ideológicas que estabelecem posições hierárquicas muito bem definidas. Além disso, representar a raça em discursos é essencialmente um empreendimento relacional. Isso quer dizer que, no caso de piadas depreciativas, elas exacerbam as diferenças percebidas entre os grupos raciais, a fim de destacar atributos negativos do "outro" (ex.: "invasor", "delinquente" e "inculto" conforme analisado neste livro) e, em contraste, reafirmam as características normalizadoras do grupo hegemônico.

Nessa dinâmica binária antagônica, a negritude é com frequência descrita como má, irracional, delinquente e sem educação em contraste com a branquitude. Além disso, a combinação desses três atributos negativos ("invasor", "delinquente" e "inculto") transmite uma ideia de anomalia social das mulheres negras. Ao promover esse tipo de associação por meio de discursos racistas camuflados em piadas depreciativas, os usuários que se engajam nessa prática estabelecem lugares sociais diferenciados por posições antagônicas, (in)diretamente reforçando a posição privilegiada de pessoas brancas e conferindo legitimidade à sua condição hegemônica.

Dito isso, o sociólogo Norman Fairclough, em seu livro de 2009 *Language and Power* (linguagem e poder, em tradução livre), [129] explica que a linguagem pode ser considerada uma forma de prática social que reproduz e reforça o domínio social e político por meio de textos e conversas, e no contexto das postagens nas redes sociais analisadas neste livro, a manifestação dessa dinâmica torna-se evidente.

O uso repetido de termos que associam negritude à delinquência e à falta de escolaridade estabelece não apenas uma clara diferenciação entre negros e brancos no Brasil, mas também limites de pertencimento a espaços sociais diferenciados. Ao retratar as mulheres negras como contumazes delinquentes e sem escolarização, por exclusão, as piadas reforçam e naturalizam seus atributos opostos, considerados como pertencentes exclusivamente aos brancos. Dessa forma, as desigualdades sociais e raciais também se perpetuam no Brasil, e as redes sociais, por sua vez, representam a arena contemporânea para a manifestação, disseminação e reforço de tais valores. À medida que esse fenômeno se torna um componente cada vez mais natural do ambiente virtual brasileiro, isso pode conduzir a um contexto no qual a sociedade perde a capacidade de se indignar ante a desigualdades raciais, enquanto discursos de ódio se generalizam, se naturalizam e são constantemente reforçados nas redes sociais.

PELOURINHO MODERNO

Um dos pilares do racismo à brasileira consiste na ideia de que o negro "sabe o seu lugar" e, por isso, as tensões raciais são consideravelmente reduzidas ou inexistentes no país. Mas, a que "lugar" exatamente esse antigo adágio se refere? Claro que ele sugere um lugar de inferioridade social. Inclusive, como diz a filósofa Djamila Ribeiro:

> Numa sociedade como a brasileira, de herança escravocrata, pessoas negras vão experienciar racismo do lugar de quem é objeto dessa opressão, do lugar que restringe oportunidades por conta desse sistema de opressão. [Em contrapartida], pessoas brancas vão experienciar do lugar de quem se beneficia dessa mesma opressão. Logo, ambos os grupos podem e devem discutir estas questões, mas falarão de lugares distintos. (RIBEIRO, 2019, p. 87).

No entanto, é possível observar que a mobilidade social ascendente das mulheres negras desestabiliza essa hierarquia imaginária e desencadeia reações significativas de supremacistas brancos como visto neste livro. Na verdade, os posts e tuítes analisados revelam que as conquistas simbólicas das mulheres negras conflitam frontalmente com o "legítimo" espaço social a elas atribuído, o que, no imaginário coletivo, está profundamente associado à inferioridade e à subserviência.

A longeva e arraigada crença na ideologia do branqueamento contribuiu para o desenvolvimento de fronteiras diferenciadas de pertencimento na sociedade brasileira, alimentando a percepção da supremacia branca, de tal forma que o rompimento dessas fronteiras de pertencimento representa uma espécie de "transgressão" digna de punição pública. No entanto, em vez de punições físicas, como era o caso na sociedade colonial, as mulheres negras são ridicularizadas no ambiente virtual, o que transforma as redes sociais em uma espécie de *pelourinho moderno* para a promoção de sessões de *chicotadas virtuais*, simbolicamente representadas por discursos racistas (sejam eles camuflados em piadas depreciativas ou não). Nesse contexto, os usuários que se engajam nessa prática estão, de fato, desempenhando o papel de vetores de transmissão de ideologias racistas coloniais muito arraigadas e naturalizadas, e, com isso, reforçando sua perpetuação na sociedade brasileira.

Portanto, discursos de ódio de cunho racista reforçam de modo contínuo o lugar social "certo" e "legítimo" das mulheres negras brasileiras (ex.: tia do café, agricultor, serviçal de limpeza etc.), ao mesmo tempo em que negam a existência de racismo estrutural e enormes desigualdades raciais. Inclusive, ao tornar desigualdades raciais um tema risível e jocoso, esses usuários (in)diretamente deslegitimam demandas dos movimentos negros organizados por maior igualdade racial, de tal forma que a questão perde relevância em termos de política pública e é relegada ao universo da comicidade infantilizada (ou seja, não dá para ser levada a sério).

Além disso, a presença onipresente das redes sociais na vida das pessoas contribui não apenas para a naturalização do racismo no Brasil, mas também para sua afirmação como um componente inegável do cenário digital. Como se isso não bastasse, a análise aqui desenvolvida evidencia também que, dado o elevado volume de engajamento comumente suscitado por discursos de ódio, com seus milhares de retuítes, compartilhamentos, comentários, *likes* etc., as corporações auferem lucro financeiro com a disseminação do ódio. E isso é bastante preocupante. Tanto é verdade que temos testemunhado o surgimento de movimentos organizados na sociedade como *Stop Hate for Profit*, exigindo o fim dessa dinâmica perversa. Por fim, este livro contribui também para a compreensão de que a interseccionalidade[130] de gênero, classe, raça e lugar de origem continua a desempenhar um papel relevante na dinâmica do discurso racial brasileiro e, como efeito, amplia as experiências de exclusão social das mulheres negras no Brasil.

PROPOSTAS E CAMINHOS POSSÍVEIS

Enquanto, por um lado, este livro revela e evidencia o sério problema social dos discursos de ódio de cunho racista nas redes sociais, considero importante também discorrer sobre algumas propostas e caminhos possíveis para se encarar esse fenômeno. É verdade que essas propostas podem não ser a solução definitiva. Contudo, confio que pelo menos elas podem contribuir para o enriquecimento da reflexão coletiva e do debate público em torno do tema. Elas foram publicadas de início em abril de 2018 na forma de um *Relatório de Políticas Públicas* (também em geral conhecido pelo termo em inglês como *Policy Brief*).[131] Passados já alguns anos de sua publicação, é possível verificar que continuam muito atuais, pois inclusive convergem com propostas recentemente apresentadas pela Comissão de Direitos Humanos das Nações Unidas para o combate ao discurso de ódio nas redes sociais em âmbito internacional.[132]

Conforme explicado no quarto capítulo, o perfil demográfico dos usuários de redes sociais no Brasil é formado majoritariamente por jovens e adultos na faixa etária de 18 a 44 anos. No entanto, essa tecnologia digital atrai também um expressivo contingente de 7,84 milhões de adolescentes na faixa etária de 13 a 17 anos (sendo que garotas correspondem a 3% e garotos 2,6% desse contingente de usuários). Dessa forma, é de fundamental importância a implantação de iniciativas educacionais em escolas de ensino médio. Os jovens deveriam ser orientados quanto aos seguintes aspectos:

a. Que os ambientes virtual e "real" (offline) não são dissociados um do outro, de tal forma que atitudes online podem sim provocar impacto negativo na vida das pessoas;
b. Que há consequências legais de se engajar na disseminação de intolerância racial online e quais são;
c. Na eventualidade de serem expostos a esse tipo de conteúdo inapropriado, como e a quem reportar;
d. Como evitar contribuir para a amplificação e a reverberação de tais vozes intolerantes não replicando o conteúdo em suas próprias redes de relacionamentos.

As autoridades governamentais deveriam promover campanhas educativas para elevar o esclarecimento da população em geral para o fato de que o ambiente virtual não se constitui em uma espécie de dimensão paralela na qual as regras da sociedade civil não se aplicam. Tais campanhas deveriam transmitir com clareza que há consequências legais para atos de intolerância racial e discurso de ódio nas redes sociais. Prova inconteste nesse sentido é que o Marco Civil da Internet (Lei Federal Nº 12.965/2014) estabelece de forma muito clara que as pessoas podem ser responsabilizadas civilmente por seus atos e comportamentos no ambiente online de acordo com a legislação vigente.

Ademais, historicamente, a sociedade brasileira padece de um sério problema de falta de continuidade de políticas públicas, as quais, de modo invariável, ficam sujeitas a humores e conveniências político-partidárias momentâneas. Um exemplo ilustrativo nesse sentido corresponde ao programa "Humaniza Redes – Pacto Nacional de Enfrentamento às Violações de Direitos Humanos na Internet", criado pelo Governo Federal em 7 de abril de 2015.[133]

O programa era coordenado pela Secretaria de Direitos Humanos da Presidência da República e realizado em parceria com a Secretaria de Políticas de Promoção da Igualdade Racial, Secretaria de Políticas para as Mulheres, Ministério da Educação, Ministério das Comunicações e Ministério da Justiça. Seu objetivo era enfrentar violações de direitos humanos no mundo virtual e ajudar a criar um ambiente virtual livre de discriminações e preconceitos. Além disso, o portal criado na ocasião disponibilizava três espaços principais dedicados a denúncia, prevenção e segurança. Contudo, sem que se saiba ao certo por quê, o projeto foi descontinuado cerca de um ano depois e não foi resposto por outra proposta similar ou ao menos aperfeiçoada.

Outro aspecto importante consiste em que legisladores deveriam pressionar as grandes corporações proprietárias das principais plataformas de redes sociais para implementarem ferramentas mais eficientes para a célere remoção de conteúdo depreciativo sinalizado por seus usuários. Há diversas vozes no Brasil revelando que, na maioria das vezes, o tempo de resposta das empresas é demasiado lento, o que, como consequência, gera na população uma sensação de impunidade no tocante a abusos cometidos no ambiente online.

Por fim, a Política de Privacidade das empresas deveria transmitir com muita clareza para seus usuários que suas plataformas de redes sociais não são um paraíso de impunidade, como tantos acreditam que sejam. Isso significa dizer que, quando requisitado de modo formal por autoridades competentes genuinamente constituídas, seus dados pessoais podem vir a ser fornecidos, e eles devem responder por suas atitudes de acordo com o ordenamento jurídico brasileiro.

NOTAS, REFERÊNCIAS E FONTES ADICIONAIS DE CONSULTA

1. A disciplina de estudos críticos de humor de cunho racista, discriminatório e preconceituoso (também chamado por alguns autores de humor depreciativo ou humor derrogatório) possui uma robusta e consolidada literatura em língua inglesa, pois esse tema tem sido objeto de estudos já há algumas décadas sobretudo nos EUA e na Inglaterra. Já no contexto brasileiro, essa disciplina é bem mais recente e destacam-se os seguintes trabalhos:

DAHIA, Sandra Leal Melo. A mediação do riso na expressão e consolidação do racismo no Brasil. *Sociedade e Estado*. vol. 23, 2008, n. 3, p. 697-720.

DAHIA, Sandra Leal Melo. Riso: uma solução intermediária para os racistas no Brasil. *Estudos e Pesquisas em Psicologia*. Ano 10, 2010, n. 2, p. 373-389.

FONSECA, Dagoberto José da. *A piada - discurso sutil da exclusão: um estudo do risível no racismo à brasileira*. Dissertação (Mestrado em Ciências Sociais) - PUC-SP, 1994.

FONSECA, Dagoberto José da. *Você Conhece Aquela? A Piada, o Riso e o Racismo à Brasileira*. São Paulo, SP: Selo Negro Edições, 2012.

MOREIRA Adilson. *Racismo Recreativo*. São Paulo, SP: Pólen Livros, 2019.

TRINDADE, Luiz Valério de Paula. *It is not that funny. Critical analysis of racial ideologies embedded in racialized humour discourses on social media in Brazil*. Tese (Doutorado em Sociologia) - University of Southampton, 2018.

TRINDADE, Luiz Valério de Paula. *No Laughing Matter: Race Joking and Resistance in Brazilian Social Media*. Wilmington, DE: Vernon Press, 2020.

2. SUE, Christina A.; GOLASH-BOZA, Tanya. "It was only a joke": how racial humour fuels colour-blind ideologies in Mexico and Peru. *Ethnic and Racial Studies*. vol. 36, 2013, n. 10, p. 1582-1598.

3. DaMATTA, Roberto. *O Que faz o Brasil, Brasil?* São Paulo, SP: Editora Rocco, 1986.

4. PACHECO, Lwdmila Constant. Racismo cordial: manifestação da discriminação racial à brasileira. O domínio público e o privado. *Revista de Psicologia*. vol. 2, 2011, n. 1, p. 137-144.

TURRA, Cleusa; VENTURI, Gustavo. *Racismo cordial: a mais completa análise sobre o preconceito de cor no Brasil*. São Paulo, SP: Editora Ática, 1995.

5. CZECH, Andrezza. Para especialistas, gays e negros sempre se ofenderam com piadas de Didi. *UOL Notícias*. 08/01/2015, São Paulo, SP. Disponível em: http://mulher.uol.com.br/comportamento/noticias/redacao/2015/01/08/para-especialistas-gays-e-negros-sempre-se-ofenderam-com-piadas-de-didi.htm (Acesso em 15/06/2015).

6. SAFERNET. Indicadores da Central Nacional de Denúncias de Crimes Cibernéticos. *Safernet Brasil*. 10/01/2015, Salvador, BA. Disponível em: http://indicadores.safernet.org.br/ (Acesso em 08/11/2015).

7. PEREIRA, Bia *et al.* Dossiê intolerâncias: visíveis e invisíveis no mundo digital. *Associação Brasileira de Comunicação Pública*. São Paulo, SP, agosto de 2016. Disponível em: http://www.conexaopublica.com.br/wp-content/uploads/2016/08/dossie_intolerancia.pdf (Acesso em 24/02/2017).

8. BOEHM, Camila. Discursos de ódio e pornografia infantil são principais desafios da internet. *EBC - Empresa Brasil de Comunicação*. 06/02/2018, Brasília, DF. Disponível em: http://agenciabrasil.ebc.com.br/pesquisa-e-inovacao/noticia/2018-02/discursos-de-odio-e-pornografia-infantil-sao-principais-desafios (Acesso em 07/02/2018).

TAVARES, Thiago. Indicadores Safernet Brasil. Dia da Internet Segura. São Paulo, SP, 06/02/2018. Disponível em: https://www.youtube.com/watch?v=ofE2cU0avqA (Acesso em 23/04/2018).

9. TRINDADE, Luiz Valério de Paula. *It is not that funny. Critical analysis of racial ideologies embedded in racialized humour discourses on social media in Brazil*. Tese (Doutorado em Sociologia) - University of Southampton, 2018.

TRINDADE, Luiz Valério de Paula. Social Media in Brazil: Distilling Racism Against Black Women. *Social Science Space*. 13/08/2018. Thousand Oaks, CA. Disponível em: https://www.socialsciencespace.com/2018/08/social-media-in-brazil-distilling-racism-against-black-women/ (Acesso em 14/08/2018).

TRINDADE, Luiz Valério de Paula. Brazil's supposed "racial democracy" has a dire problem with online racism. *The Conversation*. 07/08/2018. London, UK. Disponível em: https://theconversation.com/brazils-supposed-racial-democracy-has-a-dire-problem-with-online-racism-99343 (Acesso em 07/08/2018).

VASQUES, Lucas. Mulheres negras são as principais vítimas de discriminação nas redes sociais, aponta sociólogo. *Revista Forum*. 30/08/2018, São Paulo, SP. Disponível em: https://www.revistaforum.com.br/mulheres-negras-sao-as-principais-vitimas-de-discriminacao-nas-redes-sociais-aponta-sociologo/ (Acesso em 30/08/2018).

10. TRINDADE, Luiz Valério de Paula. How the Brazilian Elite Delegitimize Demands for Greater Racial Equality. *Social Science Space*. 21/12/2018, Thousand Oaks, CA. Disponível em: https://www.socialsciencespace.com/2018/12/how-the-brazilian-elite-delegitimize-demands-for-greater-racial-equality/ (Acesso em 21/12/2018).

11. ADAGBA, Simeon Messan. "Until lions have their own historians, tales of the hunt shall always glorify the hunter". *African Proverbs, Sayings and Stories*. April, 2006. Hillsborough, NJ. Disponível em: http://www.afriprov.org/african-proverb-of-the-month/32-2006proverbs/224-april-2006-proverb-quntil-the-lion-has-his-or-her-own-storyteller-the-hunter-will-always-have-the-best-part-of-the-storyq-ewe-mina-benin-ghana-and-togo-.html (Acesso em 13/04/2019).

MARAIRE, J. Nozipo. "Until the lion learns how to write, every story will glorify the hunter". *Goodreads*. San Francisco, CA. Disponível em: https://www.goodreads.com/quotes/8058892-until-the-lion-learns-how-to-write-every-story-will (Acesso em 13/04/2019).

12. TRINDADE, Luiz Valério de Paula. *No Laughing Matter: Race Joking and Resistance in Brazilian Social Media*. Wilmington, DE: Vernon Press, 2020.

13. Para uma introdução ao tema da Revolução Industrial, veja, por exemplo, o filme-documentário *A Revolução Industrial* elaborado pela Enciclopédia Britânica, disponível no YouTube no seguinte link: https://www.youtube.com/watch?v=DmvL6vy_6Qg (Acesso em 27/11/2020).

14. Para isso, basta verificar, por exemplo, o IDH (Índice de Desenvolvimento Humano) do Brasil em relação às nações mais desenvolvidas economicamente. Além do mais, apesar de o Brasil figurar entre as 15 maiores economias do mundo em termos de PIB (Produto Interno Bruto) absoluto, o PIB per capita (ou seja, o nível de renda equivalente de cada cidadão) é bastante baixo, e a diferença de renda entre os mais ricos e os mais pobres está entre as maiores do mundo. Para saber mais sobre IDH, consultar a página das Nações Unidas Brasil no seguinte link: https://www.br.undp.org/content/brazil/pt/home/idh0.html (Acesso em 27/11/2020).

15. Veja em: https://museudaimigracao.org.br (Acesso em 27/11/2020).

16. SCHWARTZ, Stuart B. The Manumission of Slaves in Colonial Brazil: Bahia, 1684-1745. *The Hispanic American Historical Review.* vol. 54, 1974, n. 4, p. 603-635.

TRUZ, Igor. Alforriados, negros ainda foram explorados como escravos. *Agência USP de Notícias*, 28/02/2013. São Paulo, SP. Disponível em: http://www.usp.br/agen/?p=129240 (Acesso em 18/05/2017).

17. HAMILTON, Charles V. *et al. Beyond Racism: Race and Inequality in Brazil, South Africa, and the United States*. Boulder, CO: Lynne Rienner Publishers, 2001.

18. Para ter acesso a dados detalhados sobre o tráfico negreiro do período colonial, consulte os arquivos da mais profunda e bem organizada base de dados do mundo mantida pela biblioteca da Emory University nos EUA. Nessa base de dados constam inúmeros dados estatísticos, mapas interativos, galeria de imagens entre diversos outros documentos históricos, os quais estão disponíveis gratuitamente no seguinte link: https://slavevoyage.org (Acesso em 15/01/2017).

19. JACOMINO, Sérgio. Penhor de escravos e queima de livros de registro. *Observatório do Registro*, 25/01/2010. Disponível em: https://cartorios.org/2010/01/25/penhor-de-escravos-e-queima--de-livros-de-registro/ (Acesso em 30/03/2017).

20. CAJADO, Ane Ferrari Ramos; DORNELLES, Thiago; PEREIRA, Amanda Camylla. *Eleições no Brasil : uma história de 500 anos*. Brasília, DF: TSE - Tribunal Superior Eleitoral, 2014.

21. ALFONSO, Daniel Angyalossy. (2019) Bolsonaro's take on the "absence of racism" in Brazil. *Race & Class*. vol. 61, 2019, n. 3, p. 33-49.

CARVALHO, Sheila. No Brasil, o racismo é "coisa rara"? *Instituto Ethos*, 13/05/2019. São Paulo, SP. Disponível em: https://www.ethos.org.br/cedoc/no-brasil-o-racismo-e-coisa-rara/#.XVf4RpP7SuU (Acesso em 17/08/2019).

FRANCE 24. Racism "rare" in Brazil, says far right Bolsonaro. *France 24*, 08/05/2019, Paris, France. Disponível em: https://www.france24.com/en/20190508-racism-rare-brazil-says-far-right-bolsonaro (Acesso em 14/05/2019).

TRAVAE, Marques. For President Bolsonaro, "racism is a rare thing in Brazil"; also claims he isn't racist because he once saved a black man from drowning. *Black Women of Brazil*, 10/05/2019, Salvador, BA. Disponível em: https://blackwomenofbrazil.co/for-president--bolsonaro-racism-is-a-rare-thing-in-brazil-also-claims-he-isnt-racist-because-he-once-saved-a-black-man-from-drowning/ (Acesso em 14/05/2019).

22. KEHL, Renato Ferraz. *Eugenia e medicina social: problemas da vida*. Rio de Janeiro, RJ: Livraria Francisco Alves, 1920.

LACERDA, João Baptista de. The "metis", or half-breeds, of Brazil, IN: SPILLER, G. (ed.) *First Universal Races Congress*. 26-29/07/1911, London, p. 377-382. Disponível em: http://etnolinguistica.wdfiles.com/local--files/biblio%3Alacerda-1911-metis/lacerda_1911_metis.pdf (Acesso em 10/12/2014).

MELO, Mário. Corografia de Pernambuco. *Revista do Instituto Archeológico, Histórico e Geográphico Pernambucano*. vol. 24, 1922, n. 115-118, p. 1-148.

RODRIGUES, Raymundo Nina. *Os africanos no Brasil*. Rio de Janeiro, RJ: Companhia Editora Nacional, 1932.

23. LACERDA, João Baptista de. The "metis", or half-breeds, of Brazil, IN: SPILER, G. (ed.) *First Universal Races Congress*. 26-29/07/1911. London, p. 377-382. Disponível em: http://etnolinguistica.wdfiles.com/local--files/biblio%3Alacerda-1911-metis/lacerda_1911_metis.pdf (Acesso em 10/12/2014).

SCHWARCZ, Lillia Katri Moritz. Previsões são sempre enganosas: João Baptista de Lacerda e seu Brasil branco. *História, Ciências, Saúde-Manguinhos*. vol. 18, 2011, n. 1, p. 225-242.

24. Eugenia positiva consiste na eliminação de grupos étnicos minoritários por intermédio de um programa de miscigenação forçada, enquanto a eugenia negativa corresponde à eliminação por intermédio do uso de violência física como no Holocausto durante a Segunda Guerra Mundial ou no Genocídio em Ruanda em 1994. Um dos grandes defensores da eugenia positiva no Brasil como solução para enfrentar os "problemas" sociais associados à miscigenação foi Renato Ferraz Kehl. Ele publicou diversos artigos expondo suas ideias e, em 1918, chegou até a fundar a primeira associação eugênica da América Latina (a Sociedade de Eugenia de São Paulo). Um dos principais argumentos defendidos por esse autor consistia na esterilização em massa de mestiços e negros como forma de evitar a descendência miscigenada e atingir assim o branqueamento completo da sociedade brasileira em questão de poucas décadas. Além disso, ele publicou também em 1920 o livro *Eugenia e Medicina Social: Problemas da Vida*.

25. FREYRE, Gilberto. The Afro-Brazilian experiment. *The Unesco Courier*. Ago./set. 1977, p. 13-18.

26. MÉTRAUX, Alfred. Brazil: land of harmony for all races? *The Unesco Courier*. Abr. 1951. Paris, France. Disponível em: http://unesdoc.unesco.org/images/0007/000735/073516eo.pdf#nameddest=73516 (Acesso em 06/03/2017).

MAIO, Marcos Chor. *A história do projeto Unesco: estudos raciais e ciências sociais no Brasil*. Tese (Doutorado) - Instituto Universitário de Pesquisas do Rio de Janeiro, 1997.

27. THOMPSON, Era Bell. Does amalgamation work in Brazil? Part 1. *Ebony*. New York, vol. 20, n. 9, jul. 1965, p. 27-42.

THOMPSON, Era Bell. Does amalgamation work in Brazil? Part 2. *Ebony*. New York, vol. 20, n. 11, set. 1965, p. 33-42.

28. A reprodução do vídeo oficial está disponível no seguinte link: http://www.historia.seed.pr.gov.br/modules/video/showVideo.php?video=20464 (Acesso em 01/12/2020).

29. SCHUCMAN, Lia Vainer. *Entre o "encardido", o "branco" e o "branquíssimo": raça, hierarquia e poder na construção da branquitude* *paulistana*. Tese (Doutorado em Psicologia) - Universidade de São Paulo, 2012.

30. FERREIRA, Ceiça. Silêncios que ressoam: Relações inter-raciais no trailer da minissérie Justiça. *Revista Geminis*. vol. 11, 2020, n. 1, p. 31-47.

Em complemento à análise desenvolvida nesse artigo, assista também à entrevista concedida por Ceiça Ferreira a Sara Bononi em 13/06/2020, disponível no seguinte link: https://www.youtube.com/watch?v=ETo2BmacP8Q (Acesso em 28/11/2020).

31. ARAÚJO, Joel Zito. *A negação do Brasil: o negro na telenovela brasileira*. São Paulo, SP: Editora SENAC, 2000.

32. ACEVEDO, Claudia Rosa; TRINDADE, Luiz Valério de Paula. Análise de ausência de diversidade étnica nos telejornais brasileiros. *Alceu*. vol. 11, 2011, n. 22, p. 90-108.

33. FARIA, Sibele Gomes Santana. *Uma análise das participações dos personagens afro-descendentes nas histórias em quadrinhos de Maurício de Sousa: 1988-2008*. TCC (Graduação em Administração de Empresas) - Universidade Nove de Julho, 2008.

34. TRINDADE, Luiz Valério de Paula. *Participação e representação social de indivíduos Afro-descendentes retratados em anúncios publicitários de revistas: 1968-2006*. Dissertação (Mestrado em Administração de Empresas) - Universidade Nove de Julho, 2008.

35. FERREIRA, Ceiça. Silêncios que ressoam: Relações inter-raciais no trailer da minissérie Justiça. *Revista Geminis*. vol. 11, 2020, n. 1, p. 31-47.

FERREIRA, Ceiça. *Mulheres negras e (in)visibilidade: imaginários sobre a intersecção de raça e gênero no cinema brasileiro (1999-2009)*. Tese (Doutorado em Comunicação Social) - Universidade de Brasília, 2016.

RODRIGUES, João Carlos. *O Negro Brasileiro e o Cinema*. Rio de Janeiro, RJ: Globo, 1988.

36. CARDOSO, Cláudia Pons. Amefricanizando o feminismo: o pensamento de Lélia Gonzalez. *Estudos Feministas*. vol. 22, 2014, n. 3, p. 965-986.

37. Hierarquia racial consiste em uma forma de representação social que, simbolicamente, posiciona certos grupos raciais em posições de privilégio social, enquanto posiciona outros em condições subalternas e desvalorizadas. Um dos principais elementos estruturantes desse sistema de hierarquias consiste nas terminologias para designar grupos raciais (amarelo, branco, pardo, preto e índio). Sendo assim, em uma escala imaginária, branco ocupa a posição mais privilegiada, enquanto preto ocupa a posição mais desvalorizada e as demais ocupam posições intermediárias. Dessa forma, quando as pessoas criam uma miríade de denominações criativas para não serem classificadas como pretas (ex.: marrom, moreno jambo, cor de cacau, moreninho, e por aí afora), elas estão manifestando um desejo não-verbalizado de se afastarem o máximo possível da posição inferior na hierarquia racial (preto) e se aproximarem da posição superior (branco). Para conhecer mais sobre esse tema, consultar a obra *Sociologia do Negro Brasileiro* de autoria de Clóvis Moura (Editora Ática, 1988).

38. BESSE, Susan K. Defining a "national type": Brazilian beauty contests in the 1920s. *Estudios Interdisciplinarios de América Latina y el Caribe*. vol 6, 2005, n. 1, p. 95-117.

39. CASTRO, Lívio Tito. Questões e problemas: ódio entre as raças. *A Província de São Paulo*. 06/02/1889, São Paulo, SP, página frontal. Disponível em: http://acervo.estadao.com.br/pagina/#!/18890206-4154-nac-0001-999-1-not/busca/castro (Acesso em 10/12/2016).

40. MORAES, Evaristo. Expansão de um preconceito. *O Getulino*. 10/02/1924, Campinas, SP. Disponível em: http://www2.assis.unesp.br/cedap/cat_imprensa_negra/verbetes/getulino.html (Acesso em 10/12/2016).

41. LAGE, Mariana Luísa Costa *et al*. Preconceito maquiado: o racismo no mundo fashionista e da beleza. *Revista Pensamento Contemporâneo em Administração*. vol. 10, 2016, n. 4, p. 47-62.

42. CALDWELL, Kia Lilly. "Look at Her Hair": The Body Politics of Black Womanhood in Brazil. *Transforming Anthropology*. vol. 11, 2003, n. 2, p. 18-29.

MIKULAK, Marcia L. The Symbolic Power of Color: Constructions of Race, Skin-Color, and Identity in Brazil. *Humanity & Society*. vol. 35, 2011, n. 1-2, p. 62-99.

SOUZA, Neusa Santos. *Tornar-se Negro ou As Vicissitudes da Identidade do Negro Brasileiro em Ascensão Social*. Rio de Janeiro, RJ: Graal, 1990.

43. BARBOSA, Luciene Cecília. As situações de racismo e branquitude representadas na telenovela "Da cor do pecado". IN: XXVII CONGRESSO BRASILEIRO DE CIÊNCIAS DA COMUNICAÇÃO - INTERCOM, Porto Alegre, RS, 2004.

44. Xuxa é o nome artístico da ex-modelo Maria da Graça "Xuxa" Meneghel.

45. SOUZA, Nelson Rosário. Aculturação e identidade: o caso do seriado "Sexo e as Negas". IN: VI CONGRESSO DA ASSOCIAÇÃO BRASILEIRA DE PESQUISADORES EM COMUNICAÇÃO E POLÍTICA (VI COSMOPOLÍTICA), Rio de Janeiro, RJ, 22-24/04/2015. Disponível em: http://www.compolitica.org/home/wp-content/uploads/2015/04/GT5-Souza.pdf (Acesso em 18/06/2017).

SOARES, Karen Greco. "Globo, eu não sou tuas negas": uma análise da comunicação contra-hegemônica em rede no movimento de boicote a minissérie Sexo & As Negas. *Revista da Associação Brasileira de Pesquisadores/as Negros/as (ABPN)*. vol. 8, 2016, n. 20, p. 86-102.

46. ANTHONY, Shonitria. (2016) Brazilian Beauty Queen Says She Was Dethroned For Being "Too Black". *Huffington Post*. 12/02/2016, New York. Disponível em: http://www.huffingtonpost.com/entry/brazilian-beauty-queen-says-she-was-dethroned-for-being-too-black_us_56be13b6e4b08ffac124e66e (Acesso em 01/10/2016).

47. THE BRAZILIAN carnival queen deemed "too black". Direção: Barney Lankaster-Owen; Produção: Bruce Douglas; Edição: Charlie Phillips; Juliet Riddell. Londres: The Guardian Documentary, 09/02/2016. 1 vídeo (8 min.). Disponível em: https://www.theguardian.com/news/video/2016/feb/09/brazilian-carnival-queen-too-black-nayara-justino-video (Acesso em 01/10/2016).

48. GOES, Tony. Recém-eleita, Miss Brasil 2017 sofre ataques racistas na web. *Folha de S. Paulo*. 22/08/2017, São Paulo, SP. Disponível em: http://f5.folha.uol.com.br/colunistas/tonygoes/2017/08/recem-eleita-miss-brasil-2017-sofre-ataques-racistas-na-web.shtml (Acesso em 22/10/2017).

TERTO, Amauri. Monalysa Alcântara. A terceira Miss Brasil negra. E o velho racismo brasileiro. *Huffington Post*. 22/08/2017, São Paulo, SP. Disponível em: http://www.huffpostbrasil.com/2017/08/22/monalysa-alcantara-a-terceira-miss-brasil-negra-e-o-velho-racismo-brasileiro_a_23157928/ (Acesso em 22/10/2017).

VEJA. Terceira negra a vencer Miss Brasil, Monalysa é alvo de racismo. *Veja*. 21/08/2017, São Paulo, SP. Disponível em: http://veja.abril.com.br/entretenimento/terceira-negra-a-vencer-miss-brasil-monalysa-e-alvo-de-racismo/ (Acesso em 22/10/2017).

49. CAETANO, Rossana. A publicidade e a imagem do produto Brasil e da mulher brasileira como atrativo turístico. IN: CONGRESSO BRASILEIRO DE CIÊNCIAS DA COMUNICAÇÃO, Porto Alegre, RS, 2004. Disponível em: http://docplayer.com.br/12743019-A-publicidade-e-a-imagem-do-produto-brasil-e-da-mulher-brasileira-como-atrativo-turistico-1.html (Acesso em 18/06/2017).

GOMES, Mariana Selister. A (des)(re)construção do Brasil como um paraíso de mulatas. *Revista Eletrônica de Turismo Cultural*. vol. 4, 2010, n. 2, p. 48-70.

50. FERREIRA, Ricardo Franklin. O brasileiro, o racismo silencioso e a emancipação do Afro-descendente. *Psicologia & Sociedade*. vol. 14, 2002, n. 1, p. 69-86.

51. BRAGA, Amanda Batista. Dispositivos de uma beleza negra no Brasil. IN: SIMPÓSIO INTERNACIONAL DE LETRAS E LINGUÍSTICA, *Anais do SILEL*, v. 2, n. 2. Uberlândia: EDUFU, 2011, p. 1-9. Disponível em: http://www.ileel.ufu.br/anaisdosilel/wp-content/uploads/2014/04/silel2011_628.pdf (Acesso em 16/06/2017).

CHRISTO, Maraliz Castro Vieira. Algo além do moderno: a mulher negra na pintura brasileira no início do século XX. *19&20*. vol. 4, 2009, n. 2, p. 1-8.

52. TRINDADE, Luiz Valério de Paula. "My hair, my crown". Examining black Brazilian women's anti-racist discursive strategies on social media. *Canadian Journal of Latin American and Caribbean Studies*. vol. 45, 2020, n. 3, p. 277-296.

RAMALHO, Elcio. "Mulheres estão na vanguarda no combate ao racismo nas redes sociais", diz sociólogo. *RFI - Radio France International*. 20/22/2020, Paris, France. Disponível em: https://www.rfi.fr/br/podcasts/rfi-convida/20201120-mulheres-est%C3%A3o-na-vanguarda-no-combate-ao-racismo-nas-redes-sociais-diz-soci%C3%B3logo (Acesso em 21/11/2020).

53. Disponível no seguinte link: https://www.youtube.com/watch?v=msY-dNJIXWA (Acesso em 30/11/2020).

54. Literalmente, essa expressão significa "cego/indiferente a cores" com o objetivo de sinalizar ausência de viés de cunho racial. Ou seja, seria como dizer enxergar a todos de forma igualitária independentemente de raça.

55. WAISELFISZ, Julio Jacob. *Mapa das desigualdades digitais no Brasil*. Brasília, DF, Rede de Informação Tecnológica Latino-Americana, RITLA, 2007. Disponível em: https://www.faneesp.edu.br/site/documentos/mapa_desigualdades_digitais.pdf (Acesso em 19/12/2016).

56. CAMOZZATO, Silvana Tomazi; PERONDI, Miguel Angelo; MELLO, Nilvania Aparecida. Políticas públicas de inclusão digital: desafios educacionais na sociedade contemporânea. *COLÓQUIO – Revista do Desenvolvimento Regional*. vol 12, 2015, n. 1, p. 101-113.

HELOU, Angela Regina Heizen Amin *et al*. Políticas públicas de inclusão digital. *Novas Tecnologias na Educação* - UFRGS. vol. 9, 2011, n. 1, p. 1-10.

MORI, Cristina Kiomi. *Políticas públicas para inclusão digital no Brasil: aspectos institucionais e efetividade em iniciativas federais de disseminação de telecentros no período 2000-2010*. Tese (Doutorado em Serviço Social) - Universidade de Brasília, 2011.

57. CABRAL FILHO, Adilson Vaz; TAVEIRA CABRAL, Eula Dantas. Mapeamento da inclusão digital no Brasil. *Revista Eptic Online*. vol. 15, 2013, n. 1, p. 4-19.

NERI, Marcelo Cortes *et al*. *Mapa da inclusão digital*. Rio de Janeiro, RJ, 2012. Fundação Getúlio Vargas. Disponível em: http://www.cps.fgv.br/cps/bd/mid2012/ (Acesso em 20/12/2016).

58. FERNANDES, Joao Carlos Lopes; SOUZA, Monica Maria Martins; OLIVEIRA, Daniel. A inclusão digital do negro no Brasil. IN: Eniac (ed.) IV Seminário Internacional de Integração Étnico-racial e as Metas do Milênio, Guarulhos, SP, 12-13/05/2016. *ENIAC*, p. 47-53. Disponível em: http://www.eniac.com.br/

noticias/iv-seminario-internacional-de-integracao-etnico-racial-e-
-as-metas-do-milenio/ (Acesso em 19/12/2016).

59. NOBLE, Safiya Umoja. *Algorithms of Oppression: How Search Engines Reinforce Racism*. New York: New York University Press, 2018.

60. SILVA, Tarcízio. Racismo Algorítmico em Plataformas Digitais: microagressões e discriminação em código. IN: VI SIMPÓSIO INTERNACIONAL LAVITS - ASSIMETRIAS E (IN)VISIBILIDADES: VIGILÂNCIA, GÊNERO E RAÇA, Salvador, BA, 26-28/06/2019.

SILVA, Tarcízio. Racismo Algorítmico em Plataformas Digitais: microagressões e discriminação em código. IN: SILVA, Tarcízio. (ed.) *Comunidades, algorítimos e ativismos digitais; olhares afrodiaspóricos*. São Paulo, SP: Literarua, p. 127-143, 2020.

Em complemento a essa literatura, assista também ao Seminário Proteção de Dados e os Impactos Sociais realizado entre os dias 26 e 27 de outubro de 2020 na Escola Legislativa da ALERJ, onde Tarcízio Silva discorre sobre Racismo Algorítmico e Proteção de Dados. Disponível em: https://youtu.be/q7py8yePjQk (Acesso em 15/12/2020).

61. *One-to-one* significa um a um, ou conexões de forma individualizadas.

62. *Many-to-many* significa de muitos para muitos, ou conexões simultâneas entre inúmeros usuários.

63. CASTELLS, Manuel; Cardoso, Gustavo. *The Network Society: From Knowledge to Policy*. Washington, DC: Center for Transatlantic Relations, 2005.

FUCHS, Christian. *Internet and Society: Social Theory in the Information Age*. New York: Routledge, 2008.

64. JANE, Emma A. *Misogyny Online: A Short (and Brutish) History*. London, UK: Sage Publications Ltd., 2017.

65. ARANGO, Eduard A. Racismo y discurso en la era digital: el caso de la revista Hola y los discursos en las redes sociales. *Discurso & Sociedad*. vol. 7, 2013, n. 4, p. 617-642.

66. VETRI, Orsola. Ecco l'Italia che odia via internet. *Famiglia Cristiana*, Rome, Italy. Jun. 2019, p. 22-30.

67. ASHTANA, Anuska; GIBBS, Samuel. Sadiq Khan reads out racist tweets in call for tighter tech regulation. *The Guardian*. 12/03/2018, London, UK. Disponível em: https://www.theguardian.com/technology/2018/mar/12/sadiq-khan-to-slam-government-for-dereliction-of-duty-in-failing-to-regulate-tech (Acesso em 13/03/2018).

68. LAUDONE, Stephanie. Facebook: A "Raced" Space or "Post-Racial"? IN: AMERICAN SOCIOLOGICAL ASSOCIATION ANNUAL MEETING. Atlanta, GA, 14/08/2010. Disponível em: http://citation.allacademic.com/meta/p_mla_apa_research_citation/4/0/9/6/6/p409664_index.html (Acesso em 01/10/2015).

69. KOLKO, Beth; NAKAMURA, Lisa; RODMAN, Gilbert B. *Race in Cyberspace*. New York: Routledge, 2000.

70. A campanha produziu um vídeo de curta duração, o qual está disponível no YouTube no seguinte link:

Racismo virtual, as consequências são reais (Reações). Originalmente postado em 11/11/2015: https://www.youtube.com/watch?v=ED-p_nr1elA (Acesso em 06/06/2016).

Além disso, essa campanha teve repercussão na mídia nacional e mais ainda na mídia internacional conforme pode ser constatado nos links a seguir:

Chega ao RJ campanha "Racismo Virtual, as consequências são reais". Publicado em 13/11/2015: https://www.youtube.com/watch?v=odHJ2eMfkEE (Acesso em 06/06/2016).

Brazil group shames web trolls with real consequences. Publicado em 09/12/2015: https://www.youtube.com/watch?v=CWyrQRD7828&t=6s (Acesso em 09/08/2017).

Racist Social Media Posts Featured on Billboards in Brazil. Publicado em 01/12/2015: https://www.youtube.com/watch?v=uuF0_wGX8xQ (Acesso em 09/08/2017).

People's Racist Facebook Comments on Billboards near their Homes. Publicado em 05/12/2015: https://www.youtube.com/watch?v=7RVe7jYaIeg (Acesso em 09/08/2017).

71. O vídeo dessa campanha está disponível tanto nas plataformas Vímeo quanto no YouTube nos seguintes links:

ONG Criola – Mirrors of Racism. Publicado em 04/01/2016: https://vimeo.com/150728678 (Acesso em 15/08/2016).

W3Haus for Criola NGO – Mirrors of Racism. Publicado em 19/06/2016: https://vimeo.com/171342627 (Acesso em 15/08/2016).

Após caso de Maju, ONG Criola lançou campanha contra racismo. Publicado em 23/06/2016: https://www.youtube.com/watch?v=yMN4jfivVVY (Acesso em 15/08/2017).

W3Haus – ONG Criola – Case Mirrors of Racism. Publicado em 10/09/2019: https://www.youtube.com/watch?v=UKFd9KIHAD0 (Acesso em 30/11/2020).

72. CAERS, Ralf *et al.* Facebook: A literature review. *New Media & Society.* vol 15, 2013, n. 6, p. 982-1002.

HALFELD, Paula Crespo. A produção do humor na rede social Facebook. *Revista Soletras.* n. 26, 2013, p. 219-236.

73. KLING, Rob; LEE, Ya-ching; TEICH, Al; FRANKEL, Mark S. Assessing Anonymous Communication on the Internet: Policy Deliberations. *The Information Society.* n. 15, 1999, p. 79-90.

MISOCH, Sabina. Stranger on the internet: Online self-disclosure and the role of visual anonymity. *Computers in Human Behavior.* n. 48, 2015, p. 535-541.

VEJA. Facebook prepara aplicativo que vai permitir anonimato. *Veja.* 08/10/2014, São Paulo, SP. Disponível em: https://veja.abril.com.br/tecnologia/facebook-prepara-aplicativo-que-vai-permitir-anonimato/# (Acesso em 12/12/2017).

74. Os jornais pesquisados foram: Boston Globe, Buffalo News, Raleigh News & Observer, Reuters, San Diego Union-Tribune, The New York Times, The Wall Street Journal e USA Today.

75. HUGHEY, Matthew. W.; DANIELS, Jesse. Racist comments at online news sites: a methodological dilemma for discourse analysis. *Media, Culture & Society.* vol. 35, 2013, n. 3, p. 332-347.

76. RODRIGUES, Mateus. Polícia Civil investiga ofensas racistas a jornalista do DF em rede social. *G1.* 06/05/2015, Rio de Janeiro, RJ. Disponível em: http://g1.globo.com/distrito-federal/

noticia/2015/05/policia-civil-investiga-ofensas-racistas-jornalista-do-df-em-rede-social.html (Acesso em 06/06/2016).

77. SOARES, Will. Denunciados por ofensas a Maju tinham "verdadeiro exército", diz MP. *G1*. 22/06/2016, Rio de Janeiro, RJ. Disponível em: http://g1.globo.com/sao-paulo/noticia/2016/06/denunciados-por-ofensas-maju-tinham-verdadeiro-exercito-diz-mp.html (Acesso em 28/12/2016).

78. BRASIL. Lei N° 12.965, de 23 de abril de 2014. Estabelece princípios, garantias, direitos e deveres para o uso da Internet no Brasil. Disponível em: http://www.planalto.gov.br/ccivil_03/_ato2011-2014/2014/lei/l12965.htm. (Acesso em 07/01/2017).

79. LARSSON, Anders Olof. Comparing to Prepare: Suggesting Ways to Study Social Media Today—and Tomorrow. *Social Media + Society*. vol. 1, 2015, n. 1, p. 1.

80. VILIC, Filipe, BEER, Raquel. As caretas do Facebook. *Veja*, São Paulo, SP. 02/03/2016, p. 70-71.

81. TRINDADE, Luiz Valério de Paula. *It is not that funny. Critical analysis of racial ideologies embedded in racialized humour discourses on social media in Brazil*. Tese (Doutorado em Sociologia) - University of Southampton, 2018.

TRINDADE, Luiz Valério de Paula. *No Laughing Matter: Race Joking and Resistance in Brazilian Social Media*. Wilmington, DE: Vernon Press, 2020.

Em complemento a esses dois trabalhos, veja também o vídeo ilustrativo explicando esse conceito em português intitulado *A longa vida útil dos discursos de ódio nas redes sociais,* disponível em: https://youtu.be/uxSpBSw25cU (Acesso em 18/06/2021).

82. ANG, Peng Hwa. How countries are regulating internet content. IN: 7th ANNUAL CONFERENCE OF THE INTERNET SOCIETY. Kuala Lumpur, Malasya, 24 to 27 June 1997. Disponível em: https://www.isoc.org/inet97/proceedings/B1/B1_3.HTM (Acesso em 14/01/2017).

83. SOCIETY. Internet Governance, *Internet Society,* 26/04/2016, Reston, VA. Disponívvel em: http://www.internetsociety.org/what-we-do/internet-issues/internet-governance (Acesso em 14/01/2017).

84. HUGHES, Thomas. Country Report: Brazil's Marco Civil da Internet. *Article 19*, 05/11/2015, London, UK. Disponível em: https://www.article19.org/resources.php/resource/38175/en/country-report:-brazil's-marco-civil-da-internet (Acesso em 14/01/2017).

85. LEMOS, Ronaldo. Internet brasileira precisa de marco regulatório civil. *UOL*, 22/05/2007, São Paulo, SP. Disponível em: https://tecnologia.uol.com.br/ultnot/2007/05/22/ult4213u98.jhtm (Acesso em 16/01/2017).

86. DANIELS, Jesse. *Cyber Racism: White Supremacy Online and the New Attack on Civil Rights*. Lanham, Maryland: Rowan & Littlefield Publishers, Inc., 2009.

87. CASTRO, Paulo Roberto Sousa. A Liberdade de Expressão e a incitação ao ódio racial. *Âmbito Jurídico*, v. 17, n. 130, p. 1-4, 2014.

88. GOMES, Karina. Quando a liberdade de expressão na internet vira crime. *Deutsch Welle Brasil*, 30/10/2015, São Paulo, SP. Disponível em: http://www.dw.com/pt-br/quando-a-liberdade-de-express%C3%A3o-na-internet-vira-crime/a-18817509 (Acesso em 18/01/2017).

89. TRINDADE, Luiz Valério de Paula. Facebook passou a se chamar Meta: o que isso representa em relação ao fenômeno de discursos de ódio?. *Medium*. 20/12/2021, São Francisco, CA. Disponível em: https://luizvalerio.medium.com/facebook-passou-a-se-chamar-meta-o-que-isso-representa-em-rela%C3%A7%C3%A3o-ao-fen%C3%B4meno-de-discursos-de-%C3%B3dio-1c8f71ddfe33 (Acesso em 22/01/2022).

90. IINGRAM, Mathew. Sorry Mark Zuckerberg, But Facebook Is Definitely a Media Company. *Fortune*, 30/08/2016, New York. Disponível em: http://fortune.com/2016/08/30/facebook-media-company/ (Acesso em 01/10/2017).

JAZEERA, Al. Facebook's status: Tech or media company?. *Al Jazeera*, 28/05/2017, Doha, Qatar. Disponível em: http://www.aljazeera.com/programmes/listeningpost/2017/05/facebook-status-tech-media-company-170527101419222.html (Acesso em 01/10/2017).

FRIER, Sarah. Facebook's Tech Regulation Idea Isn't as Transparent as It Looks. *Bloomberg*, 27/03/2021, New York. Disponível em: https://www.bloomberg.com/news/articles/2021-03-27/facebook-s-tech-regulation-idea-isn-t-as-transparent-as-it-looks (Acesso em 21/06/2021).

91. FANON, Franz. *Pele Negras, Máscaras Brancas*. Salvador, BA: EDUFBA – Editora da Universidade Federal da Bahia, 2008.

92. KEMP, Simon. Digital 2021: Global Overview Report. *We are Social*, 27/01/2021, New York, p. 1-300. Disponível em: https://datareportal.com/reports/digital-2021-global-overview-report (Acesso em 01/06/2021).

93. Entre as diversas fontes de dados publicamente disponíveis consultadas entre os dias 01 e 15 de junho de 2021, incluem: a) Wikipédia em português, b) Wikipédia em inglês, c) Blog Resultados Digitais (www.resultadosdigitais.com.br), d) Portal Escola de e-Commerce (www.escoladeecommerce.com), e) Portal Maiores e Melhores (www.maioresemelhores.com), f) Oficina da Net (www.oficinadanet.com.br), g) Equipe Digital (www.equipedigital.com), h) Alliance Comunicação (www.alliancecomunicacao.com.br), i) Segredos do Mundo (www.segredosdomundo.r7.com), e j) IEBS (www.iebschool.com).

94. A título de ilustração, a busca realizada em 15 de junho de 2021 com as palavras chave "renda ativa e passiva + Brasil + YouTube + Instagram + 2021" gerou 42.300 resultados incluindo dezenas de vídeos.

95. O termo surgiu como referência à empresa de aplicativos Uber que atua como agente intermediário entre prestadores de serviço autônomos (ou seja, motoristas) e passageiros. Sendo assim, a ideia por trás desse conceito é que as novas tecnologias digitais oferecem alternativas para o desemprego, maior flexibilidade e independência.

96. Para saber mais a esse respeito, o(a) leitor(a) pode consultar, por exemplo, as seguintes matérias:

WhatsApp limita encaminhamento de mensagens para combater fake news. *Techtudo*, 07/08/2018. Disponível em: https://www.techtudo.com.br/noticias/2018/08/whatsapp-limita-encaminhamento-de-mensagens--para-combater-fake-news.ghtml (Acesso em 15/06/2021).

WhatsApp restringe encaminhamento de mensagens para até 5 conversas por vez. *Tecnoblog*, 18/01/2019. Disponível em: https://tecnoblog.net/275529/whatsapp-limite-encaminhar-5-conversas--brasil/ (Acesso em 15/06/2021).

Um contato de cada vez! WhatsApp impõe novo limite para encaminhar mensagens. *Tilt UOL*, 07/04/2020. Disponível em: https://www.uol.com.br/tilt/noticias/redacao/2020/04/07/

um-contato-de-cada-vez-whatsapp-impoe-novo-limite-para-encaminhar-mensagem.htm (Acesso em 15/06/2021).

WhatsApp decide limitar ainda mais encaminhamento de mensagens escritas por outras pessoas. *Blog do iPhone*, 08/04/2020. Disponível em: https://blogdoiphone.com/noticias/whatsapp-limite-encaminhamento/ (Acesso em 15/06/2021).

97. FOLHA. Entenda o uso do WhatsApp nas eleições e o que aconteceu desde que a Folha revelou o caso. *Folha de S. Paulo*, 08/10/2019, São Paulo, SP. Disponível em: https://www1.folha.uol.com.br/poder/2019/10/entenda-o-uso-do-whatsapp-nas-eleicoes-e-o-que-aconteceu-desde-que-a-folha-revelou-o-caso.shtml (Aceso em 18/06/2021)

ABRÃO, Camila. O WhatsApp definiu a eleição de 2018? Oito dados que ajudam a entender o que aconteceu. *Gazeta do Povo*, 18/05/2019, Curitiba, PR. Disponível em: https://www.gazetadopovo.com.br/republica/whatsapp-eleicao-2018-dados-pesquisa-internetlab/ (Acesso em 18/06/2021).

PUGLIERO, Fernanda. A eleição do WhatsApp. *Deutsche Welle Brasil*, 06/10/2018, São Paulo, SP. Disponível em: https://www.dw.com/pt-br/a-elei%C3%A7%C3%A3o-do-whatsapp/a-45774238 (Aceso em 18/06/2021).

98. MAGENTA, Matheus; GRAGNANI, Juliana; SOUZA, Felipe. How WhatsApp is being abused in Brazil's elections. *BBC News*, 24/10/2018, Londres, GB. Disponível em: http://www.bbc.co.uk/news/technology-45956557 (Acesso em 23/05/2019).

99. BONIS, Gabriel. O poder do WhatsApp de manipular eleitores. *Deutsche Welle Brasil*, 02/08/2018, São Paulo, SP. Disponível em: https://p.dw.com/p/32Slz (Acesso em 18/06/2021).

PAÍS, El. Os "whatsapps" de uma campanha envenenada. *El País*, 28/10/2018, São Paulo, SP. Disponível em: https://brasil.elpais.com/especiais/2018/eleicoes-brasil/conversacoes-whatsapp/ (Acesso em 18/06/2021).

100. BASTOS DOS SANTOS, João Guilherme *et al.* WhatsApp, política mobile e desinformação: a hidra nas eleições presidenciais de 2018. *Comunicação & Sociedade*, v. 41, n. 2, 2019, p. 307-334.

MONT'ALVERNE, Camila; MITOZO, Isabele Batista. Muito além da mamadeira erótica: As notícias compartilhadas nas redes de apoio a presidenciáveis em grupos de WhatsApp, nas eleições brasileiras de 2018. IN: VIII CONGRESSO DA ASSOCIAÇÃO BRASILEIRA DE PESQUISADORES EM COMUNICAÇÃO E POLÍTICA. Universidade Federal do Paraná, 15 a 17 de maio de 2019. Disponível em: http://compolitica.org/novo/anais/2019_gt4_Montalverne.pdf (Acesso em 18/06/2021).

101. CASAES, Diego; CÓRDOVA, Yasadora. Weaponised Information in Brazil: Digitising Hate. *Toda Peace Institute,* Policy Brief n. 63, Tokyo, Japan, 2019. Disponível em: https://toda.org/policy-briefs--and-resources/policy-briefs/weaponised-information-in-brazil-digitising-hate.html (Acesso em 28/05/2020).

102. MATAMOROS-FERNANDEZ, Ariadna. "El Negro de WhatsApp" meme, digital blackface, and racism on social media. *First Monday*, v. 25, n. 1, p. 1-16, 2019.

103. PÉREZ, Raúl. Racism without Hatred? Racist Humor and the Myth of "Colorblindness". *Sociological Perspectives*, v. 60, n. 5, p. 956-974, 2017.

104. VETRI, Orsola. Ecco l'Italia che odia via internet. *Famiglia Cristiana*. Roma, Itália. Jun. 2019, p. 22-30.

105. ASHTANA, Anuska; GIBBS, Samuel. Sadiq Khan reads out racist tweets in call for tighter tech regulation. *The Guardian,* 12/03/2018, London, UK. Disponível em: https://www.theguardian.com/technology/2018/mar/12/sadiq-khan-to-slam-government-for-dereliction-of-duty-in-failing-to-regulate-tech (Acesso em 13/03/2018).

106. A íntegra de seu discurso em inglês está disponível no canal oficial do YouTube da prefeitura de Londres no seguinte link: https://www.youtube.com/watch?v=rs28uepap1k&t=11s (Acesso em 18/06/2021).

107. GOMES, Alessandra *et al*. Relatório sobre violência política online em páginas de candidatas(os) nas eleições municipais de 2020. São Paulo, SP: *InternetLab & Revista AzMina*, 2021.

108. DIAS, Juliana. Mulheres negras são o principal alvo da violência política nas redes sociais em eleições na Bahia. *Revista AzMina*, 12/11/2020. São Paulo, SP. Disponível em: https://azmina.com.br/reportagens/mulheres-negras-sao-o-principal-alvo-da-violencia-politica-nas-redes-sociais-em-eleicoes-na-bahia/ (Acesso em 14/11/2020).

109. FRANCO, Instituto Marielle. A Violência Política contra Mulheres Negras. *Instituto Marielle Franco*, 01/11/2020. Rio de Janeiro, RJ. Disponível em: https://www.violenciapolitica.org/ (Acesso em 19/11/2020).

110. De acordo com o Instituto Brasileiro de Geografia e Estatística (IBGE), a População Economicamente Ativa (PEA) corresponde a mão de obra com a qual o setor produtivo pode contar. Ou seja, trata-se do número de habitantes em idade e condições físicas para exercer algum ofício no mercado de trabalho.

111. TARDELLI, Brenno. Adilson Moreira: "Twitter explora economicamente racismo e misoginia?". *Carta Capital*, 25/08/2020. São Paulo, SP. Disponível em: https://www.cartacapital.com.br/justica/adilson-moreira-twitter-explora-economicamente-racismo-e-misoginia/. (Acesso em 10/06/2021).

112. FERNANDES, Matheus. Discurso de ódio no Twitter – entrevista com Fernanda K. Martins. *Internet Lab,* 29/10/2020. São Paulo, SP. Disponível em: https://www.internetlab.org.br/pt/desigualdades-e-identidades/discurso-odio-elle-fernanda-martins/ (Acesso em 10/06/2021).

113. O vídeo oficial de lançamento da campanha, elaborado em formato de carta aberta ao fundador e presidente do Facebook, Mark Zuckerberg, está disponível em inglês no seguinte link: https://www.youtube.com/watch?v=AUT__Y-VXtI (Acesso em 18/06/2021).

114. O movimento foi formado pelos grupos ADL (Anti-Defamation League), NAACP (National Association for Advancement of Colored People), Sleeping Giants, Color of Change, Free Press e Common Sense. Para saber mais a respeito desta iniciativa, veja as seguintes matérias:

Contra discurso de ódio, movimento pede que marcas não anunciem no Facebook. *UOL*, 23/06/2020. Disponível em: https://economia.uol.com.br/noticias/redacao/2020/06/23/stophateforprofit-movimento-pede-que-marcas-nao-anunciem-no-facebook.htm (Acesso em 10/06/2021).

Campanha de boicote à publicidade no Facebook será global, dizem organizadores. *Forbes Brasil*, 28/06/2020. Disponível em: https://www.forbes.com.br/negocios/2020/06/campanha-de-boicote-a-publicidade-no-facebook-sera-global-dizem-organizadores/ (Acesso em 10/06/2021).

115. Disponível no seguinte link: https://www.letras.mus.br/racionais-mcs/63398/ (Acesso em 30/11/2020).

116. FONSECA, Dagoberto José da. *Você Conhece Aquela? A Piada, o Riso e o Racismo À Brasileira*. São Paulo, SP: Selo Negro Edições, 2012.

117. MOREIRA, Adilson. *Racismo Recreativo*. São Paulo, SP: Pólen Livros, 2019.

118. MOREIRA, Adilson. *Racismo Recreativo*. São Paulo, SP: Pólen Livros, 2019.

119. GUIMARÃES, Antonio Sérgio Alfredo. O insulto racial: as ofensas verbais registradas em queixas de discriminação. *Estudos Afro-Asiáticos*. n. 38, 2000, p. 31-48.

120. WEAVER, Simon. *The rhetoric of racist humour: US, UK and global race joking*. Surrey, UK: Ashgate Publishing Ltd., 2011.

121. GOMES, Rayane Cristina Andrade. De "Tia-do-Café" a parlamentar: A sub-representação das mulheres negras e a reforma política. Revista Sociais & Humanas. vol. 31, 2018, n. 1, p. 49-80.

RIOS, Flavia; PEREIRA, Ana Claudia; RANGEL, Patrícia. Paradoxo da igualdade: gênero, raça e democracia. *Ciência e Cultura (SBPC)*. vol. 69, 2017, n. 1, p. 39-44.

122. CUNHA, Luiz Antonio. Ensino superior e universidade no Brasil. IN: LOPES, Eliana Marta Teixeira; FILHO, Luciano Mendes Faria; VEIGA, Cynthia Greive (eds.) *500 anos de educação no Brasil*. Belo Horizonte, MG: Autêntica, 2000, p. 151-204.

McCOY, Don B. Education in Brazil. *Peabody Journal of Education*. vol. 37, 1959, n. 1, p. 39-43.

123. PASSARELLI, Hugo. "Ideia de universidade para todos não existe", diz ministro da Educação. *Valor Econômico*. 28/01/2019, Brasília, DF. Disponível em: https://www.valor.com.br/brasil/6088217/ideia-de-universidade-para-todos-nao-existe-diz-ministro-da-educacao# (Acesso em 27/02/2019).

124. SANTANA, Jusciney Carvalho. *Tem preto de jaleco branco? Ações afirmativas na Faculdade de Medicina da Universidade Federal de Alagoas*. Tese (Doutorado em Educação) - Universidade Federal de Alagoas, 2015.

125. ARTES, Amelia; RICOLDI, Arlene Martinez. Acesso de Negros no ensino superior: o que mudou entre 2000 e 2010. *Cadernos de Pesquisa*. vol. 45, 2015, n. 158, p. 858-881.

126. KILOMBA, Grada. *Plantation memories: episodes of everyday racism*. Münster, Germany: UNRAST-Verlag, 2010.

127. TEÓFILO, Sarah. ONU cobra de governo Bolsonaro posicionamento contra "racismo persistente". *Correio Braziliense*. 24/11/2020, Brasília, DF. Disponível em: https://www.correiobraziliense.com.br/politica/2020/11/4890938-onu-cobra-de-governo-bolsonaro-posicionamento-contra-racismo-persistente.html (Acesso em 28/11/2020).

HERNÁNDEZ, Mónica Fuentes. Michelle Bachelet en la ONU pide a Brasil responder por racismo. *GIN TV*. 24/11/2020, México. Disponível em: https://gintv.com.mx/internacional/20201124/michelle-bachelet-en-la-onu-pide-a-brasil-responder-por-racismo/ (Acesso em 28/11/2020).

128. NERI, Emanuel. FHC se diz mulato com "um pé na cozinha". *Folha de S. Paulo*. 31/05/1994, São Paulo, SP. Disponível em: https://www1.folha.uol.com.br/fsp/1994/5/31/brasil/18.html (Acesso em 28/11/2020).

Obs.: Imediatamente após a repercussão bastante negativa dessa fala de possuir "um pé na cozinha", o então candidato à presidência da república, Fernando Henrique Cardoso, negou tê-la proferido. Porém, em artigo publicado em 01/06/1994, o jornal Folha de S. Paulo sustentou o artigo original afirmando ter gravado a fala do candidato. Para informações mais detalhadas a este respeito, consultar o seguinte artigo:

FOLHA. FHC nega ter dito que tem um "pé na cozinha". *Folha de S. Paulo*. 01/06/1994, São Paulo, SP. Disponível em: http://almanaque.folha.uol.com.br/brasil_01jun1994.htm (Acesso em 28/11/2020).

129. FAIRCLOUGH, Norman. *Language and power*. Harlow, UK: Longman, 1989.

130. AKOTIRENE, Carla. *Interseccionalidade*. São Paulo, SP: Pólen Livros, 2019.

131. TRINDADE, Luiz Valério de Paula. Formas Contemporâneas de Racismo e Intolerância nas Redes Sociais. *Public Policy Southampton.* Abr. 2018, Southampton, UK. Disponível em: https://www.academia.edu/36896372/Formas_Contempor%C3%A2neas_de_Racismo_e_Intoler%C3%A2ncia_nas_Redes_Sociais (Acesso em 20/04/2018).

132. UN. Statement by United Nations High Commissioner for Human Rights, Michelle Bachelet at the 13th Session of the Forum on Minority Issues: Hate speech, social media and minorities. *United Nations Human Rigths Office of the High Commissioner.* 20/11/2020, Geneva, Switzerland. Disponível em: https://www.ohchr.org/EN/NewsEvents/Pages/DisplayNews.aspx?NewsID=26519&LangID=E (Acesso em 28/11/2020).

133. ADJUTO, Graça. Governo federal lança Humaniza Redes contra discriminação e intolerância na Internet. *Agência Brasil,* 07/04/2015, Brasília, DF. Disponível em: https://agenciabrasil.ebc.com.br/direitos-humanos/noticia/2015-04/governo-lanca-pacto-de-enfrentamento-violacoes-de-direitos-humanos (Acesso em 20/06/2021).

REFERÊNCIAS BIBLIOGRÁFICAS

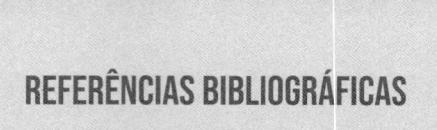

ARAÚJO, Joel Zito. O negro na telenovela, um caso exemplar da decadência do mito da democracia racial brasileira. *Estudos Feministas*. vol. 16, n. 3, 2008, p. 979-985.

BESSE, Suan K. Defining a "national type": Brazilian beauty contests in the 1920s. *Estudios Interdisciplinarios de América Latina y el Caribe*. vol. 16, 2005, n. 1, p. 95-117.

CALDWELL, Kia Lilly. "Look at Her Hair": The Body Politics of Black Womanhood in Brazil. *Transforming Anthropology*. vol. 11, 2003, n. 2, p. 18-29.

CRISTIANE, Capuchinho. Há uma tentativa de silenciamento da história negra, diz pesquisador de memória afro-brasileira. *RFI - Radio France International*. 06/11/2020, São Paulo, SP. Disponível em: https://www.rfi.fr/br/podcasts/rfi-convida/20201106-h%C3%A1-u-ma-tentativa-de-silenciamento-da-hist%C3%B3ria-negra-diz-pesquisa-dor-de-mem%C3%B3ria-afro-brasileira (Acesso em 21/11/2020).

DANIELS, Jesse. *Cyber Racism: White Supremacy Online and the New Attack on Civil Rights*. Lanham, Maryland: Rowan & Littlefield Publishers, Inc., 2009.

DELACOURT, John T. The international impact of internet regulation. *Harvard International Law Journal*, v. 38, n. 1, p. 207-235, 1997.

DEVULSKY, Alessandra. *Colorismo*. São Paulo, SP: Jandaíra, 2021.

DZIDZIENYO, Anani. *The position of blacks in Brazilian society*. Sacramento, CA: Minority Rights Group, 1971.

GOLDSTEIN, Donna M. *Laughter out of place: race, class, violence, and sexuality in Rio shantytown*. Los Angeles, CA: University of California Press, 2003.

GORDON, Doreen. Crossing borders, bluring boundaries: Comparative meanings of beauty in Brazil, South Africa and Jamaica. *Ideaz*. vol. 14, 2016, n. 14, p. 101-132.

HANSEN, Mark B.N. *Bodies in Code: Interfaces with Digital Media*. New York: Routledge, 2006.

JORGE, João Pedro. Renato Aragão: uma conversa franca com o homem por trás de Didi Mocó. *Revista VIP*. 26/02/2015. São Paulo, SP. Disponível em: http://vip.abril.com.br/

renato-aragao-uma-conversa-franca-com-o-homem-por-tras-de-didi--moco/ (Acesso em 20/10/2015).

KETTREY, Heather Hensman; LASTER, Whitney Nicole. Staking Territory in the "World White Web": An Exploration of the Roles of Overt and Color-Blind Racism in Maintaining Racial Boundaries on a Popular Web Site. *Social Currents*. vol. 1, 2014, n. 3, p. 257-274.

KOSTER, Henry. *Travels in Brazil*. London, UK: Longman, Hurst, Rees, Orme & Brown, Paternoster-Row, 1816.

LACOMBE, Américo Jacobina. *Obras completas de Rui Barbosa: Atos Legislativos, Decisões Ministeriais e Circulares - Volume XVII, Tomo II*. Rio de Janeiro, RJ: Fundação Casa Rui Barbosa, 1986.

LEVER. Concurso de Belleza realizado no Rio de Janeiro. *Álbum Oficial*, Rio de Janeiro, RJ, 1930. Disponível em: https://web.archive.org/web/20080716061207/http://brazilpostcard.com:80/especial/beauty01.html (Acesso em 08/09/2017).

MOREIRA, Adilson. *Racismo Recreativo*. São Paulo, SP: Pólen Livros, 2019.

PONCIANO, Helio. Cores alteradas: o sistema de cotas para negros na TV pode virar lei neste mês e mudar a história do veículo. *Bravo!* vol. 5, 2002, n. 53, p. 64-67.

RIBEIRO, Djamila. *Lugar de Fala*. São Paulo, SP: Pólen Livros, 2019.

RIO the magnificent. Direção: James A. Fitzpatrick. Rio de Janeiro: A Fitzpatrick Traveltalk, 1932. 1 vídeo (8 min). Disponível em: https://travelfilmarchive.com/item.php?id=11956 (Acesso em 23/03/2020).

SEMANA, Revista da. Qual é a mais bella mulher do Brasil? *Revista da Semana*. 24/09/1921, Rio de Janeiro, p. 12-13. Disponível em: http://memoria.bn.br/DocReader/DocReader.aspx?bib=025909_02&PagFis=793&Pesq= (Acesso em 08/09/2017).

SOUZA, Leal. O jury internacional outorgou o titulo de "Miss Universo" a "Miss Brasil". *A Noite*, 08/09/1930. Edição Extraordinária. Rio de Janeiro, RJ. Capa. Disponível em: http://memoria.bn.br/DocReader/DocReader.aspx?bib=348970_03 (Acesso em 10/09/2017).

TRINDADE, Luiz Valério de Paula. Mídias sociais e a naturalização de discursos racistas no Brasil. IN: SILVA, Tarcízio. (ed.) *Comunidades, algorítimos e ativismos digitais: olhares afrodiaspóricos*, 1ª. ed. São Paulo, SP: Literarua, 2020, p. 27-42.

TWINE, France Winndance. ***Racism in a racial democracy: the maintenance of white supremacy in Brazil***. New York: Rutgers University Press, 1998.

UN. ***Women and Girls of African Descent: Human Rights Achievements and Challenges***. Geneva, Switzerland: United Nations Human Rights Office of the High Commissioner, 2015.

von SPIX, Johann Baptist; von MARTIOUS, Karl Friedrich Philipp; LLOYD, Hannibal Evans. ***Travels in Brazil, in the years 1817-1820. Undertaken by command of His Majesty the King of Bavaria***. London, UK: Longman, Hurst, Rees, Orme & Brown, Paternoster-Row, 1824.

Este livro foi composto pelas fontes Calisto MT e
Bebas Neue e impresso em fevereiro de 2022 pela Edições
Loyola. O papel de miolo é o Pólen Soft 70g/m^2
e o de capa é o Cartão Supremo 250g/m^2.